Gudrun Ongania

An die Töpfe, gärtnern, los!

Haupt
NATUR

Gudrun Ongania

An die Töpfe, Gärtnern, los!

Praxiswissen und Ideen fürs urbane Gärtnern

Unter Mitarbeit von Wanda Keller
Mit Fotografien von Johanna Muther

Haupt
NATUR

Zur Autorin

Anfang 2012 tauschte *Gudrun Ongania* Anzug gegen Gartenhandschuhe und machte ihre Passion, das Gemüsegärtnern, zum Beruf. Die ehemalige Unternehmensberaterin gründete *VEG and the City* mit dem Ziel, das Gemüseanbauen wieder in die Städte zu bringen. In den letzten zwei Jahren besuchten mehr als 600 Personen ihre sehr praktisch ausgelegten Gartenkurse. Im Oktober gewann sie einen Förderpreis von *WWF* und *Migros* für die Umsetzung der Erntestationen, kleine Gewächshäuser, in denen man viel Gemüse vertikal auf kleinen Flächen anbauen kann.

Lektorat:
Alessandra Kreibaum,. D-Leinfelden-Echterdingen
Fotografien:
Johanna Muther, CH-Zürich
Illustrationen, Gestaltung und Satz:
Roberta Bergmann & Tonia Wiatrowski, www.tatendrang-design.de

1. Auflage: 2014
Bibliografische Information der Deutschen Nationalbibliothek
Die Deutsche Nationalbibliothek verzeichnet diese Publikation in der Deutschen Nationalbibliografie; detaillierte bibliografische Daten sind im Internet über http://dnb.dnb.de abrufbar.

ISBN 978-3-258-07835-9

MIX
Papier aus verantwortungsvollen Quellen
FSC® C004592

Printed in Germany

www.haupt.ch

Videos

Pflanzgefäß füllen (Seite 39):
http://youtu.be/ShdX8v3eIlo

Erde & Struktur (Seite 40):
http://youtu.be/nsdxUZjZcnE

Aussäen vorbereiten (Seite 55):
http://youtu.be/R1o-PMfuzTk

Pikieren (Seite 58):
http://youtu.be/akMn2Iv6lJs

Setzlinge und Auspflanzen (Seite 60):
http://youtu.be/27DwTMVocdg

Richtig gießen (Seite 65):
http://youtu.be/eY1YF6Q1xrE

Basilikum ernten (Seite 77):
http://youtu.be/pMt-QzJdtgY

Gartenprolog

Ich liebe das Gärtnern, es ist meine Passion.

Ob aus der Straßenbahn, bei Fahrten mit dem Auto oder zu Fuß – seit ich selber Gemüse anbaue, schweift mein Blick entlang der Hausfassaden, um sie zu erspähen: die grünen und bunten urbanen Gärten. Wenn ich Freunde besuche, kann ich mir meistens den einen oder anderen Gartentipp nicht verkneifen, und jede neue Blüte, jede neue Frucht oder die erste Biene, die den Weg in das Tomatenhaus gefunden hat, zaubert mir ein Lächeln ins Gesicht.

Schon immer hat mich das Gemüseanbauen fasziniert: Schon in einer meiner ersten Wohnungen ohne Balkon in Zürich habe ich mich an Tomaten und Paprika versucht. Dann konnte ich meine lang ersehnten Beete in Empfang nehmen und habe gepflanzt und experimentiert. Inzwischen ist auch die Terrasse gut mit Töpfen und Pflanzsäcken bestückt.

Meine Passion machte ich im Frühling 2012 zum Beruf. Mit «VEG and the City», einem Unternehmen rund um das urbane Gärtnern, habe ich mir zum Ziel gesetzt, jedem Stadtbewohner einen urbanen Gemüsegarten zu bieten, der zu seinem Lebensstil passt – und das Wissen dazu.

Dieses Buch ist ein praktischer Ratgeber, damit Sie Ihren eigenen kleinen oder großen urbanen Garten kreieren können. Es bietet Wissen, viel Inspiration und jede Menge praktische Anleitungen sowohl für das Gärtnern als auch für leckere Gerichte aus dem eigenen urbanen Gartenbeet.

Damit auch alles von Anfang an klappt, habe ich zu grundlegenden Themen Videos bereitgestellt. Auf die Videos wird mit einem Symbol verwiesen, die Links finden Sie auf Seite 4.

Aus der Praxis für die Praxis: Happy Urban Gardening!

Vor dem Start

WARUM ÜBERHAUPT EINEN URBANEN GARTEN?

Wo es Menschen gab, gab es schon immer Nutzgärten. Da die städtische Bevölkerung ab Mitte des 18. Jahrhunderts dank Industrialisierung rasch anwuchs, stieg auch ihr Bedarf an Nahrungsmitteln entsprechend. Städtische Nutzgärten sollten die Ernährungssituation der Bevölkerung verbessern. Aber auch die schnelle Verderblichkeit der Ware und die früher begrenzten Transportmöglichkeiten sprachen für einen innerstädtischen oder sehr stadtnahen Anbau von Gemüse. So wurden in Deutschland im 18. Jahrhundert sogenannte Armengärten in den Städten gegründet, um die ärmeren Bevölkerungsschichten besser ernähren zu können.

Mitte des 19. Jahrhunderts kamen die Schrebergärten auf, um den Kindern das Gärtnern beizubringen. Mit der Zeit haben dann die Eltern die Gärten übernommen, und sie wurden parzelliert. Damit boten sie Naherholung und Lebensmittel für die ganze Familie.

Je größer in den letzten Jahren jedoch die Städte wuchsen, umso stärker wurden die Nutzgärten an den Rand der Städte gedrängt. Die Gemüseproduktion wurde immer spezialisierter, und schnelle Transportwege ermöglichten es, größere Distanzen zwischen Produktion und Verkauf zu überwinden.

Neu entdecktes Urbedürfnis

Das private Gärtnern scheint ein Urbedürfnis zu sein, das mit der Industrialisierung und der Globalisierung der Produktion immer mehr in den Hintergrund der westlichen Bevölkerung rückte. Hatte es vor einigen Jahren noch ein eher verstaubtes Image, ist es heute wieder «in». Vor allem der Nutzgarten ist bei vielen Städtern wieder beliebt.

Wie ist diese neue Popularität des eigenen kleinen Gemüseanbaus zu erklären?

Betrachtet man urbanes Gärtnern in Deutschland, Österreich und der Schweiz, sieht man unterschiedliche Motive. Viele Städter möchten wieder verstehen, wie Nahrung wächst, um sich näher an der Produktion zu fühlen. Da die Jobs immer kopflastiger werden, ist als Ausgleich der Drang, Erde unter den Fingernägeln zu haben und Dinge selbst zu machen, größer geworden. Das urbane Gärtnern hat aber auch eine soziale und eine politische Komponente: Es bilden sich neue temporäre Gemeinschaften – über Bevölkerungsschichten und Nationalitäten hinweg: Wissen wird ausgetauscht, Pflanzen werden getauscht oder alte Sorten verwendet. Bei vielen Gemeinschaftsprojekten steht die Wissensvermittlung im Vordergrund. Bei anderen ist der Gemeinschaftsgedanke als Gegenpol zur heutigen Individualgesellschaft zu verstehen und die Verwendung von lokalem Saatgut sowie alten Sorten als Widerstand gegen die großen Saatgutkonzerne und die Reglementierung der Artenvielfalt. Und nicht zuletzt ist unser Essen auch immer mehr zum Statussymbol geworden, das man nur zu gerne über Social-Media-Kanäle mit der Welt teilt.

Blickt man auf andere Teile Europas und in die USA kann man auch andere Motive erkennen: Im Zuge der Wirtschaftskrise entstanden aus Not neue Nutzgärten zur Selbstversorgung. In Städten wie Detroit versucht man, mit urbanen Gärten die einstige Automobilmetropole zu beleben und einen Neustart der stark heruntergekommenen Stadt zu initiieren. Weiter entwickeln Universitäten und Jungunternehmen weltweit neue Modelle, um langfristig die Ernährung der Megastädte sicherzustellen – mit neuen urbanen Gemüseproduktionen und urbanen Gärten als Stadtentwicklungstool.

Ich mach mit!

Gleich aus welchem Motiv heraus Sie urban gärtnern, Sie werden feststellen, dass es Freude bereitet und die benötigte Geduld und das Gießkannenschleppen wert ist – spätestens in dem Moment, wenn sich der erste Keimling langsam durch die Erde drückt, Sie selbst geerntete Kräuter auf ihre Pasta streuen oder den ersten Marienkäfer bei einer Blattlausplage sichten.

WELCHER URBANE GARTEN PASST ZU MIR?

Urbane Gärten haben viele Gesichter: Von wenigen Kräutertöpfen oder Chilipflanzen am Fensterbrett, über üppig bepflanzte Balkone mit Tomaten, Zucchini und oranger Kapuzinerkresse bis zum Gemeinschaftsgartenprojekt auf einer 200 Quadratmeter Brache *(wie auf dem Bild)* ist alles möglich.

Unsere Gärten sind so individuell wie wir selbst. Daher ist es wichtig, dass Sie sich bei der Wahl Ihres urbanen Gartens an Ihren Bedürfnissen und den räumlichen Voraussetzungen orientieren. So macht ein großer Terrassengarten zum Beispiel wenig Sinn, wenn man keine Zeit hat, ihn mindestens zwei Mal in der Woche zu pflegen. Genauso unsinnig ist es, Tomaten anzupflanzen, wenn man keine vollsonnige Lage zur Verfügung hat.

Am Anfang der Gartenwahl stellt man sich am besten die folgenden sieben Fragen rund um die Themen persönliches Zeitbudget, Standort, Lieblingssorten und Ernteerwartungen:

1. Wie viel Zeit möchte ich für meinen Nutzgarten wöchentlich aufwenden?

2. Wie viel Platz (Quadratmeter) steht mir zur Verfügung und wie viel möchte ich davon für einen Nutzgarten verwenden? Bitte denken Sie nicht nur an die Grundfläche, sondern auch an die vertikalen Flächen!

3. Wie wichtig ist mir der Austausch mit anderen urbanen Gärtnern?

4. Wie viele Stunden Sonne pro Tag gibt es am Standort? Ist dies unterschiedlich an verschiedenen Ecken bzw. Seiten des Standortes?

5. Besitzt der Standort einen Wasseranschluss?

6. Wie viel und wie oft möchte ich ernten können? Sind ab und zu etwas Salat und Kräuter für mich genug, oder möchte ich mich zum Beispiel mit Zucchini, Gurken und Spinat fast selbstversorgen?

7. Welche Gemüse- und Kräutersorten esse ich am liebsten? Welche neuen Sorten würde ich gerne kennenlernen?

Wenn Sie alle Fragen beantwortet haben – die Checkliste auf der nächsten Doppelseite hilft Ihnen dabei –, sehen Sie, welcher Gartentyp Sie sind.

CHECKLISTE: WELCHER GARTENTYP SIND SIE?

WIE VIEL ZEIT MÖCHTE ICH WÖCHENTLICH AUFWENDEN?

- ☐ 30 min–1 h → **A**
- ☐ 1–2 h → **B oder C**
- ☐ > 2 h → **B oder C**

WIE VIEL PLATZ HABE ICH?

- ☐ keinen → **A oder C**
- ☐ 0,5–2 m² → **A**
- ☐ 2–4 m² → **A oder B**
- ☐ > 4 m² → **B**

WIE VIEL SONNE HAT MEIN BALKON?

- ☐ 1 – 3 h pro Tag → **A**
- ☐ 3 – 6 h pro Tag → **A oder B**
- ☐ > 6 h pro Tag → **A oder B**

HABE ICH EINEN WASSERANSCHLUSS AM BALKON?

☐ Ja → **A oder B** ☐ Nein → **A**

WIE OFT MÖCHTE ICH EIGENES GEMÜSE ESSEN KÖNNEN?

- ☐ ab und zu → **A**
- ☐ wöchentlich → **B**
- ☐ fast selbstversorgend → **B oder C**

WAS ESSE ICH GERNE?

☐ Salate, Spinat, Krautstiel	→	**A, B oder C**
☐ Tomaten, Auberginen, Peperoni	→	**A, B oder C**
☐ Radieschen, Rettich, Kohlrabi	→	**A, B oder C**
☐ Zucchini, Kürbis	→	**B oder C**
☐ Gurken	→	**B oder C**
☐ Kartoffeln	→	**B oder C**
☐ Kohl	→	**B oder C**
☐ Fenchel	→	**B oder C**
☐ Erbsen, Bohnen, Kefen	→	**A, B oder C**
☐ Zwiebeln, Knoblauch	→	**B oder C**
☐ Erdbeeren	→	**A, B oder C**
☐ Petersilie, Schnittlauch	→	**A, B oder C**
☐ Basilikum, Oregano	→	**A, B oder C**
☐ Thymian, Majoran, Salbei	→	**A, B oder C**
☐ Minze, Koriander	→	**A, B oder C**
☐ essbare Blüten, z.B. Kapuzinerkresse	→	**A, B oder C**

☐ Anderes: ______________________________

WILL ICH MICH REGELMÄSSIG MIT ANDEREN ÜBERS GÄRTNERN AUSTAUSCHEN?

☐ Ja → **C** ☐ Nein → **A oder B**

Wie sieht das Resultat aus? Welcher Buchstabe überwiegt? Natürlich ist die Einteilung in drei Gartentypen eine starke Vereinfachung. Es gibt viele Mischformen und alternative Lösungen *(siehe auch S. 18)*.

DIE GARTENTYPEN

Gartentyp A: Klein, aber oho

Sie haben wenig Zeit für Pflege, begrenzten Platz und möchten ab und zu etwas Frisches vom Balkon ernten können. Dann reichen für Sie schon einige Pflanzgefäße mit frischem Gemüse oder Kräutern. Ideal sind nachwachsende Pflück- und Schnittsalate, Radieschen und bunter Krautstiel. Etwas Kapuzinerkresse sorgt für schöne Blüten. Haben Sie mehr als sechs Stunden Sonne pro Tag, kann es auch eine Cherry-Tomate sein, die in einem kleinen Gefäß Platz findet.

Sehen Sie sich als Inspiration den Familiengarten von Julia *(auf Seite 105)* oder den Garten über der Reeperbahn von Isabelle und Mick *(auf Seite 104)* an.

Gartentyp B: Gemüseeldorado

Es mangelt Ihnen weder an Zeit noch an Platz, und die Lage ist vollsonnig. Dann steht Ihrem privaten Gemüseeldorado nichts im Wege. In großen Pflanzgefäßen können Zucchini, Gurken und Tomaten wachsen – dazwischen Kräuter, frische Salate und essbare Blüten. In einem Sack daneben gedeihen eigene Kartoffeln und die Bohnen ranken sich die Sonnenblume hoch.

Je öfter Sie ernten möchten, umso besser sollte Ihre Planung sein. Und pflanzen und säen Sie immer fleißig nach!

Für das Gemüseeldorado ist ein Wasseranschluss ideal für ein Bewässerungssystem. Das erleichtert die Pflege und das tägliche Gießen im Hochsommer.

Als Beispiel finden Sie im Buch die grüne Hölle von Stephanie *(Seite 108)*.

Gartentyp C: Mittendrin statt nur dabei

Sie haben keinen eigenen oder nur einen sehr schattigen Balkon, Ihnen ist der Austausch mit anderen begeisterten Gärtnern wichtig oder Sie suchen einfach einen Ort mit sehr großer Beetfläche. Dann sollten Sie sich nach urbanen Gartenprojekten und Gemeinschaftsgärten in ihrer Umgebung umsehen. Je nach Modell kann man dort einen Garten oder ein Beet mieten, oder man bewirtschaftet gemeinschaftliche urbane Beete und teilt sich die Ernte auf.

Im Buch werden ab Seite 80 unterschiedliche Gartenprojekte vorgestellt.

Die drei Gartentypen geben einen ersten Anhaltspunkt, wohin Ihre urbane Gartenreise gehen könnte. Hier folgen noch einige Gedankenanstöße zu den einzelnen Themen:

Zeitbudget

Auch der kleinste Nutzgarten braucht regelmäßige Pflege. Grundsätzlich gilt: Je mehr Gefäße bzw. Quadratmeter Pflanzfläche Sie haben und je mehr unterschiedliche Sorten Sie pflanzen, umso mehr Pflege ist notwendig. 30 Minuten wöchentlich reichen beispielsweise aus, wenn man zwei bis drei Pflanzkisten mit Salat und Kräutern betreut. Bei mehreren Gefäßen oder Pflanzbeeten mit Tomaten, Bohnen, Salaten, Zucchini und Radieschen muss man zwischen Juni und September sicherlich 60 Minuten pro Woche rechnen – um zu gießen, zu ernten, Tomaten auszugeizen, zu düngen, nachzusäen und einfach den Nutzgarten zu genießen.

Standort

Fensterbrett, Balkon, Hinterhof, Dachterrasse, Brachfläche, Schulhof oder Hauswand– es gibt viele mögliche Standorte für einen kleinen oder großen Nutzgarten in der Stadt. Kräuter, Kresse, Chili oder Ringelblume gedeihen zum Beispiel schon auf einem sonnigen Fensterbrett und sind so für balkonlose Wohnungen ideal. Bei Außenstandorten entscheiden die Sonnenstunden pro Tag darüber, welche Sorten Sie pflanzen können.

Ist ein Wasseranschluss vorhanden, könnte man ein automatisches Bewässerungssystem anhängen. Gibt es keinen Wasseranschluss, dafür aber genügend Platz, kann sich eine Regenwassersammlung rentieren.

Lieblingssorten
Die Frage zu den Lieblingsgemüsesorten soll Ihnen bei der Sortenwahl helfen. Wenn der Standort es erlaubt, pflanzen Sie zuerst, was Ihnen gefällt! Bei genügend Platz können Sie Ihren Nutzpflanzenhorizont erweitern. Wie wäre es zum Beispiel mit essbaren Blüten der Kapuzinerkresse, mit Sojabohnen, die man als Edamame naschen kann, oder mit Schaftzwiebelchen?

Ernteerwartung
Sich von zwei Quadratmetern Stadtbalkon vollständig mit Gemüse selbstversorgen zu wollen, ist utopisch. Daher sollte man sich überlegen, wie viel man wöchentlich ernten möchte – vor allem von seinen Lieblingssorten. Möchte man wöchentlich einmal Salat für zwei Personen ernten, oder reichen einige Gefäße mit Schnittsalat aus? Möchte man 70 Prozent seines Gemüsebedarfs von Juni bis September decken, braucht man entweder (Hoch-)Beete, viele unterschiedlich große Gefäße, die man in Lagen bepflanzt, oder einen Schrebergarten.

PLANUNG IST DIE HALBE MIETE

Der Winter ist die beste Zeit für die Gartenplanung. Jetzt können Sie Skizzen anfertigen, auf dem Papier Gefäße platzieren und Bepflanzungen gestalten. Auch ein Blick in die Saatgutkataloge zahlt sich aus, um Inspirationen für neue Sorten zu bekommen.

Bei der Planung sollte man auch die Statik des Standortes bedenken: Plant man ein Hochbeet mit mehreren 100 Litern Erdsubstrat am Balkon oder auf der Dachterrasse, muss der Standort auch dem Gewicht standhalten können. Hier lohnt es sich, den Vermieter oder die Hausverwaltung zu konsultieren oder direkt beim Architekten nachzufragen.

Bei Balkonen in Mietwohnungen sollte auch die Nachbarschaft bedacht werden. Könnte Wasser, das auf andere Balkone tropft, zu Konflikten führen? Wenn ja, verzichten Sie unbedingt auf wasserdurchlässige Pflanzsäcke an der Balkonbrüstung!

Ist der Standort geklärt, skizziert man am besten, wo welche Gefäße stehen und wie sie bepflanzt werden. Das Planungsblatt im Buch kann hierfür hilfreich sein. Bei der Bepflanzung sollte man – wenn immer möglich – auf Mischkulturen achten und für eine gute Nachbarschaft unter den Pflanzen sorgen *(siehe Gute Nachbarn – schlechte Nachbarn auf Seite 46)*.

Ist die Sortenauswahl getroffen, notiert man sich, welche Pflanzen selbst vorgezogen, welche direkt in das Gefäß gesät und welche als Setzlinge eingekauft werden. Dann schreibt man noch den Aussaat- bzw. Pflanzmonat dazu, um den perfekten Zeitpunkt für sein Lieblingsgemüse nicht zu versäumen.

Natürlich können Sie die Planung während der Gartensaison immer wieder ändern! So wie der Garten wächst und sich verändert, so passt sich auch die Planung an die Wetterverhältnisse und die Vorlieben des Gärtners an.

DIE ZEHN GEBOTE DES GLÜCKLICHEN UND ERFOLGREICHEN URBANEN GÄRTNERNS

Was benötigt man nun, um erfolgreich nach vier Wochen pinke Radieschen aus der Erde zu ziehen und den knackigen Eisbergsalat vom Balkon zum Abendessen verzehren zu können? Diese zehn Gebote helfen Ihnen, zu einem erfolgreichen urbanen Gärtner zu werden:

#1

Das Wetter

Pflanzen brauchen Sonne und Regen – aber die Sonne ist die Königin. Als urbaner Gärtner sollte man das Wetter beobachten und der Pflanze das geben, was sie gerade braucht: Beschattung, Wasser oder Schutz vor Unwetter und kalten Temperaturen.

#2

Mit der Natur statt gegen die Natur

Die Natur gewinnt immer. Um zu gärtnern, muss man die Pflanzen und ihre Bedürfnisse verstehen. Bevor Sie anpflanzen oder aussäen, studieren Sie den idealen Zeitpunkt, das benötigte Erdvolumen und Standort des Lieblingsgemüses.

#3

Ein bisschen Planen schadet nicht

Wie schon beschrieben, trägt Planung maßgeblich zum erfolgreichen Gärtnern bei. Am besten nutzen Sie die kalten Wintermonate dafür!

#4

Nicht aufgeben

Frustration beim Gärtnern ist normal. Was in einem Jahr hervorragend funktioniert, kann im nächsten zum Beispiel von Schnecken zerfressen werden. Am besten nimmt man es mit Humor! Urbanes Gärtnern ist kein Leistungssport. Selbstangebautes Gemüse sieht nicht aus wie im Supermarkt und gehorcht keiner EU-Norm-Krümmung.

#5

Geduld zahlt sich aus

Geduld ist eine Tugend und hilft auch beim Gärtnern ungemein. Wenn es Ihnen bei den ersten frühlingshaften Sonnenstrahlen schon in den Fingern juckt, warten Sie noch! Zu früh aussäen bringt wenig, da der Samen langsamer keimt. Auch bei der Ernte ist es besser, sich zu gedulden, bis das Gemüse wirklich reif ist.

#6

Lassen Sie Ihrer Kreativität freien Lauf

Man findet immer eine Ecke zum Gärtnern in der Stadt, viele Arten von Pflanzgefäßen und ausgefallene alte Samen. Hier können Sie sich kreativ austoben.

#7

Von nichts kommt nichts

Jeder noch so kleine Gemüsegarten braucht Pflege und Zuwendung. Da wird gegossen, ausgegeizt, gejätet, geerntet und der Topf im Winter vor Kälte geschützt. Man sollte jedoch nicht den Anspruch eines perfekt gestylten Gartens haben und der Natur einen wesentlichen Teil der Gestaltung überlassen. Salat kann zum Beispiel wunderbar zartblau blühen, wenn man ihn nicht erntet.

#8

Ernte gut alles gut...

... und Bio schmeckt am besten. Im eigenen Balkongarten sollten Sie auf chemische Dünger und Pestizide verzichten. Ziehen Sie organische Düngung und natürliche Mittel gegen Schädlinge und Krankheiten vor.

#9

Der grüne Daumen ist nur ein Gerücht

Jeder kann das Gärtnern lernen. Informationen findet man auf Samentüten, im Internet, in Kursen und natürlich in diesem Buch. Mit etwas Geduld, Experimentierfreude und Pflege klappt es!

#10

Tauschen Sie sich aus

Zusammen gärtnern macht mehr Spaß! Tauscht man sich mit anderen urbanen Gärtnern aus, teilt man nicht nur Wissen und Erfahrung. Es bietet sich auch eine wunderbare Plattform, um anderen mit überschüssigen Setzlingen und Samen eine Freude zu bereiten und im Gegenzug Inspirationen für den eigenen Topfgarten zu finden.

Das muss ich wissen!

Gärtnern in der Stadt und speziell im Pflanzgefäß ist relativ unkompliziert und für alle lernbar. Wichtig ist, dass man sich an den Bedürfnissen der Pflanzen orientiert und mit der Natur und seiner Umgebung arbeitet.

PFLANZGEFÄSSE

Bei der Auswahl des richtigen Pflanzgefäßes haben Sie viele Möglichkeiten: Vom handelsüblichen Balkonkistchen, Pflanzsäcken bis hin zum Nudelsieb oder recycelten Tetrapak ist grundsätzlich alles möglich. Wichtig ist, dass das Gefäß entweder aus einem wasserdurchlässigen Material besteht, sich am Boden des Gefäßes Löcher befinden oder man den Boden relativ einfach selbst durchlöchern kann. So kann überschüssiges Wasser bei starken Regenfällen gut ablaufen.

Bei der Wahl des passenden Pflanzgefäßes sollte man die Art der Bepflanzung im Hinterkopf behalten. Gemüsesorten benötigen unterschiedlich tiefe Pflanzgefäße und unterschiedlich viel Erdvolumen, um gut zu gedeihen. Sind es bei Salaten nur etwa 15 bis 25 Zentimeter Erdtiefe, benötigen Stangenbohnen ein mindestens 25 Zentimeter tiefes Pflanzgefäß oder Tomaten ein Minimum an 10 Liter Erdvolumen.

Die gewünschte ***Arbeitshöhe*** ist ein weiteres Kriterium bei der Gefäßwahl. Ist eine niedrige Arbeitshöhe am Boden für alle, die im urbanen Garten helfen, in Ordnung? Oder gibt es Personengruppen, wie ältere Menschen, die Arbeitshöhen von 70 bis 90 Zentimetern bevorzugen? Wenn ja, dann können Sie hohe, hochbeetartige Gefäße oder vertikale Bepflanzungssysteme in den Garten einplanen.

Auch der ***Standort des Gefäßes*** spielt bei der Auswahl eine Rolle:

- Wie schwer darf das Gefäß inklusive Erde sein?

- Besteht die Gefahr, dass Wurzeln das Gefäß durchdringen und so einen Schaden am Boden verursachen, was vor allem bei Mietwohnungen ein Problem ist? Wenn ja, pflanzen Sie keine stark wurzelnden Pflanzen wie die Minze.

- Darf man in die Wand oder Decke bohren, um vertikale Systeme zu befestigen? Wo liegen etwaige Strom- oder Wasserleitungen?

- Bei der Bepflanzung von Balkongeländern ist außerdem zu bedenken, ob Wasser oder Erde auf Nachbarbalkone tropfen kann.

Grosse urbane Gärten

Wenn man größere urbane Gärten plant, sind bei der Kombination von unterschiedlichen Pflanzgefäßen und auch bei Hochbeeten drei Punkte zu bedenken:

1) Die Breite sollte maximal 120 Zentimeter betragen, wenn das Gefäß von beiden Seiten zugänglich ist. Ist es nur von einer Seite zugänglich, entspricht die maximale Breite 60 bis 80 Zentimetern.

2) Die Wege zwischen den Gefäßreihen sollten nicht schmaler als 80 Zentimeter bis 1 Meter sein. So ist genügend Platz zur Wartung, zum Flanieren und zum Verweilen vorhanden.

3) Der Schattenwurf der Pflanzen sollte bei der Pflanzung bedacht werden. Hohe Gemüsesorten setzt man am besten in die Mitte von breiten Gefäßen und Hochbeeten. Die Pflanzhöhe nimmt zum Rand des Gefäßes hin ab. So können alle Pflanzen für die Ernte problemlos erreicht werden.

GEFÄSSE KAUFEN

Als urbaner Gärtner kann man aus einer Vielzahl an Produkten im Gartencenter und in speziellen Onlineshops wählen. Von der Standard-Balkonkiste bis zu neuartigen vertikalen Begrünungssystemen aus recyceltem PET ist für jeden Geschmack und jedes Budget etwas dabei.

Töpfe und Balkonkisten

Aus Kunststoff, Ton, Terrakotta, Keramik oder Stein gefertigt und in unterschiedlichen Größen und Farben verfügbar, führen der Topf und die Balkonkiste die Hitliste der Gefäße an. Aus Kunststoff sind sie sehr mobil, jedoch kann sich vor allem bei dünnem Kunststoff das Gefäß mit der Zeit verformen und Hitze sich leichter stauen als bei einem Gefäß zum Beispiel aus Ton. Durch die Wasseraufnahmefähigkeit des Tons trocknet die Erde leichter aus. Es können sich mit der Zeit auch mineralische Ablagerungen am Ton bilden. Während Gefäße aus Stein die größte Standfestigkeit haben, sind sie auch am schwersten zu verschieben.

Wichtig ist, dass man keinen Übertopf ohne Loch, sondern einen Topf mit Loch wählt, um den Wasserabfluss zu garantieren – außer der Übertopf ist dem Regen nicht ausgesetzt und für eine ausreichende Drainageschicht (*siehe auch Loch & Drainage Seite 38*) ist gesorgt.

Legt man Wert auf sehr langlebige Gefäße, und wenn Mobilität und Preis eher im Hintergrund stehen, bieten sich Gefäße aus Eternit oder Beton an. Hier gibt es mittlerweile eine große Auswahl an innovativ geschnittenen Gefäßen in unterschiedlichen Farbtönen.

Pflanzsäcke (1)

Die Pflanzsäcke, beispielsweise von der Marke BACSAC®, ermöglichen es, leichte flexible Gärten zu bauen. Vom 3-Liter-Pflanzsack bis zum 930-Liter-Rundbeet gibt es eine große Auswahl an unterschiedlichen Modellen. Die Arbeitshöhe beträgt 40 oder 60 Zentimeter. Die Pflanzsäcke sind wasser- und luftdurchlässig, haben eine Lebensdauer von sieben bis zehn Jahren und können draußen überwintern. Das Material ist relativ schwer durchwurzelbar und bietet so auch guten Schutz bei Stein- und Plattenböden – ausgenommen Sie pflanzen Bambus und Minze. Im Verhältnis zum Kunststofftopf sind die Säcke teurer, bieten jedoch größere Gestaltungsmöglichkeiten und auch eine größere Pflanztiefe.

Vertikale Systeme

Da der Platz am Boden in den Städten beschränkt ist, werden vermehrt vertikale Pflanzsysteme angeboten, die sich stapeln oder an eine Wand hängen lassen. Der Klassiker unter den hängenden Pflanzgefäßen ist sicherlich die Hängeampel aus Kunststoff oder Metall, die häufig für Blumen oder Hängeerdbeeren verwendet wird.

Das Lego der Pflanzgefäße – der Minigarden (2): Der Minigarden besteht aus Pflanzkisten, die vertikal stapelbar sind, Rücken an Rücken gestellt oder kombiniert mit Eckmodulen verbaut werden können. Die einzelnen Module werden mit Clips verbunden, die auch die Möglichkeit bieten, ein Bewässerungssystem (Microdrip) durch die einzelnen Pflanzkästen zu ziehen. Dadurch, dass vertikal bepflanzt wird und die Gefäße bis auf die Pflanzstellen geschlossen sind, bieten sie Schutz vor Katzen und Schnecken. Für die Gefäße selbst empfiehlt sich, Containererde zu verwenden, die mehr Luft einschließt und strukturstabil ist. Das Produkt kommt aus Portugal, wo ganze Hausfassaden damit verkleidet werden.

1

1

2

1

3

4

Die Pflanzgefäße eignen sich sehr gut für Kräuter, Erdbeeren sowie für Blattgemüse, jedoch nicht für Wurzelgemüse und großwachsende Pflanzen wie Fenchel und die meisten Kohlarten. Es lohnt sich Ausschau zu halten nach Minisorten des jeweiligen Wunschgemüses, die an ein Leben im Topf angepasst sind. Bei Tomaten und Gurken sollten spezielle Kübelsorten verwendet werden.

Woolly Pockets (3): Die Firma Woolly Pockets vertreibt hängbare Pflanztaschen aus recyceltem Kunststoff. Es gibt zwei Linien – die Wally-Linie, die eine wollige Optik besitzt, und die *Living Wall Planter* mit einer harten Pflanzschale. Durch das geringe Erdvolumen in den Gefäßen können darin nur kleineres Gemüse, Kräuter und Erdbeeren angebaut werden. Je nach Modell ist ein Wasserspeicher integriert.

5

Eetbare Wand (4): Die Eetbare Wand® ist aus recycelten PET-Flaschen gefertigt und kommt aus Holland. Sie wird an eine Wand oder ein Geländer montiert und bietet je nach Modell Platz für 9 oder 20 Pflanzen, die in kleinen Pflanztaschen angepflanzt werden. Die Wand wird mit einem Bewässerungssystem geliefert – einem Tropfschlauch, der über einen Druckreduzierer direkt an einen handelsüblichen Gartenschlauch und Wasserhahn angeschlossen werden kann. Das Material ist wasser- und luftdurchlässig, hinterlässt aber keine nassen Wände. Die Eetbare Wand ist ideal für Kräuter, Erdbeeren, Blattgemüse wie Salate oder Saisonflor.

Ein Futtertrog für Gemüse – der VegTrug (5)

Der VegTrug® erinnert vom Design an einen Futtertrog und ist ein ideales Hochbeet für den urbanen Gartenbereich. Aus Holz oder Aluminium und in zwei Größen erhältlich, bietet er eine optimale Arbeitshöhe und ist auch für Rollstuhlfahrer geeignet. Aufgrund seines großen Erdvolumens können darin auch stark zehrende Pflanzen mit größerem Platzbedarf gesetzt werden. Der VegTrug wird mit einem wasserdurchlässigen Vlies geliefert, das unter das Erdsubstrat gelegt wird, um Verschmutzungen zu vermeiden.

Gekaufte Pflanzgefäße im Überblick

Gefäß	*Material*	*Gewicht*	*Platzbedarf*	*Erdvolumen*	*Mobilität*
Topf und Balkonkiste	Kunststoff	●	● / ● ●	● / ● ●	● ● ●
	Ton	● ●			● ●
	Beton/Eternit	● ● ●			●
Pflanzsäcke	Geotextilien	●	● / ● ● ●	● / ● ● ●	● ● ● / ● ●
Minigarden	Kunststoff	● ●	● / ● ●	● ●	● ●
Woolly Pockets	Recycelter Kunststoff	●	● / ● ●	●	● ● ●
Eetbare Wand®	Recyceltes PET	●	● ●	●	● ● ●
VegTrug®	Holz oder Metall	● ● ●	● ●	● ● ●	●
Hängeampeln	Kunststoff	●	●	●	● ● ●
	Metall	●	●	●	

RECYCELTE GEFÄSSE

Es muss nicht immer ein gekauftes Gefäß sein. Gärtnern kann man auch in selbst gebauten oder recycelten Gefäßen. Ein altes Nudelsieb lässt sich wunderbar als Hängeampel verwenden *(siehe auch Anleitung Trinkbare Bepflanzung)* oder eine alte Weinkiste für Salat und Radieschen. Hier finden Sie noch weitere Inspirationen:

Am beliebtesten

Paletten mit oder ohne Steckrahmen sind mit die beliebtesten selbst gebauten Pflanzgefäße im urbanen Garten. Sie bieten genügend Platz, sind mit Hubwagen oder Gabelstapler verschiebbar und werden häufig von Firmen zur Verfügung gestellt. Durch ihre geradlinige Form geben sie dem Garten eine Grundstruktur.

Immer zur Hand

Getränkekartons und PET-Flaschen eignen sich zur Anzucht von Setzlingen, für Kräuter, Blattgemüse und Radieschen. Feste wiederverwendbare Einkaufstaschen können mit größeren Pflanzen wie Mangold, Kübelkürbissorten oder Kartoffeln bepflanzt werden.

Aus dem Quartier

Verpackungsmaterialien für Lebensmittel und Weine wie Gemüse- und Brotkisten, leere Reissäcke oder Weinkisten bieten eine wunderbare Auswahl von urbanen Pflanzgefäßen. Am besten fragen Sie bei Geschäften und Restaurants in ihre Nähe nach. Oftmals werden diese gratis, für einen kleinen Betrag oder einen Einkauf im Geschäft abgegeben.

Alles ist möglich

Nach dem Motto: «Alles ist bepflanzbar», sieht man immer öfter auch sehr ungewöhnliche Pflanzgefäße wie alte Badewannen, Autoreifen, Einkaufswagen oder sogar Kinderkleidung. Ein Secondhand-Laden bietet eine gelungene Fundgrube für alle, die das ganz besondere Pflanzgefäß suchen.

Orange

Pflanzgefäße recycled im Überblick

Gefäß	*Material*	*Gewicht*	*Platzbedarf*	*Erdvolumen*	*Mobilität*
Paletten mit Rahmen	Holz	◼ ◼ ◼	◼ ◼	◼ ◼ ◼	◼
Getränkekartons, PET-Flasche	Verbundstoffe, PET	◼	◼	◼	◼ ◼ ◼
Sieb	Metall/Kunststoff	◼	◼	◼ ◼	◼ ◼ ◼
Lebensmittelkisten	Kunststoff	◼	◼ ◼	◼ ◼	◼ ◼ ◼
Reissack	Kunststoff/Jute	◼	◼ ◼	◼ ◼	◼ ◼ ◼
Weinkiste	Holz	◼ ◼	◼	◼ ◼	◼ ◼ ◼

ZKB

makava

Loch & Drainage

Für einen ausreichenden Wasserabfluss, die Drainage, muss bei jedem Pflanzgefäß gesorgt werden. Stehen die Pflanzenwurzeln auf Dauer im Wasser, beginnen sie zu faulen und die Pflanze stirbt ab. Auch wenn sie keinen Wassermangel hat, wirkt die Pflanze wie vertrocknet. Auf dem Bild rechts sieht man gut, was geschehen kann, wenn nicht für ausreichenden Wasserabfluss gesorgt ist.

Werkzeug für den urbanen Garten

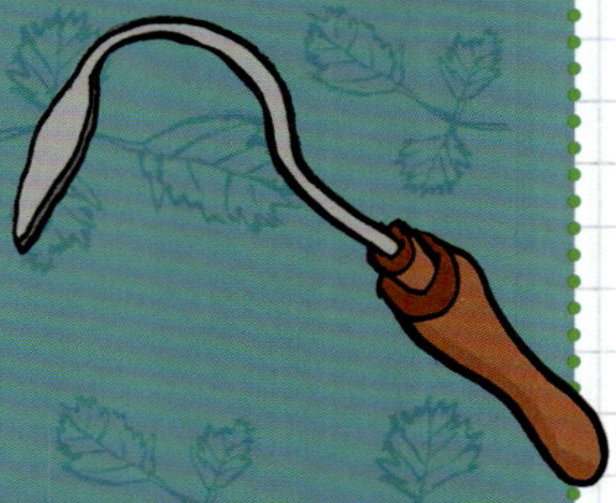

- Für Pflanzgefäße sind kleine Schaufeln oder auch altes Besteck ideal. Zum Lockern der Erde ist ein Sauzahn *(siehe Zeichnung links)* hilfreich, den es mit kurzer und langer Stange gibt.
- Gärtnert man direkt im Beet, ist eine Pendelhacke *(siehe Zeichnung rechts)* zu empfehlen. So kann man den Boden schnell auflockern und Unkraut leicht entfernen.
- Zieht man selbst vor, ist ein Pikierset hilfreich. So werden die Jungpflanzen schonend umgesetzt.
- Zum Gießen verwenden Sie entweder eine Gießkanne mit Brause oder Tetrapaks, die Sie durch Löcher im Verschluss in kleine Gießkannen verwandeln.

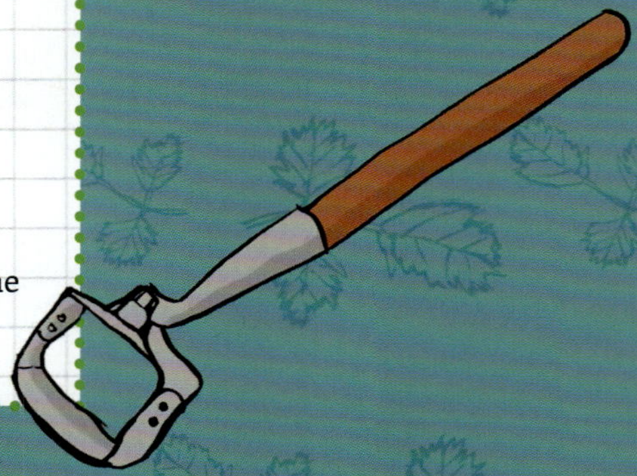

Pflanzgefäß richtig befüllen – So geht's

- Ist das Pflanzgefäß höher als 20 Zentimeter und fasst es mehr als 10 Liter, geben Sie zuerst eine Lage aus Blähton in das Pflanzgefäß – in Höhe von etwa einem Fünftel der Gefäßhöhe *(siehe Bild unten links)*. Der Blähton stellt sicher, dass sich am Boden des Topfes kein Wasser staut. Er speichert aber weder Wasser noch Nährstoffe. Überschüssiges Wasser kann so schneller durch die Löcher im Boden des Gefäßes oder durch das wasserdurchlässige Material – zum Beispiel bei Pflanzsäcken – abfließen. Gefäße aus Holz oder mit Löchern in den Wänden sollten vor dem Befüllen mit einem Pflanzvlies oder einem Bändchengewebe ausgekleidet werden.

- Auf den Blähton wird ein Pflanzvlies gelegt *(siehe Bild unten in der Mitte)*. Dies verhindert, dass sich die Erde mit dem Blähton mischt, und auch, dass sie auf den Boden des Gefäßes gelangt und so die Abflusslöcher verstopft. Zudem ist es dann leichter, die Erde zu erneuern. Kleinere Gefäße, wie Balkonkistchen und Drei-Liter-Töpfe, benötigen keinen Blähton und kein Vlies.

- Dann füllen Sie das Erdsubstrat bis knapp unter den Rand des Gefäßes ein *(siehe Bild unten rechts)*. Die Erde mischen Sie bei mittel- und stark zehrenden Pflanzen mit etwa zehn Prozent Gartenkompost.

- Nun können Sie säen und pflanzen.

ERDE, SONNE, LUFT

Um zu wachsen, benötigen Pflanzen Nährstoffe, Licht, Luft und Wasser. Die Nährstoffe werden unterteilt in Hauptnährstoffe – Stickstoff, Phosphor, Kalium, Kohlen- und Wasserstoff – und in Spurenelemente – unter anderem Magnesium, Eisen und Kalzium. Die Pflanze bezieht die Nährstoffe aus der Erde und aus der Luft. Wasser gelangt durch Regen oder das Gießen zu den Wurzeln der Pflanzen, die Nährstoffe kann man zufügen. Nur bei der Sonne ist man ausschließlich von den Launen der Natur abhängig und kann als Hobbygärtner nur sehr begrenzt, beispielsweise mit speziellem Pflanzlicht, nachhelfen.

Erdsubstrate für urbane Gärten

Die Erdregale in den Gartencentern sind riesig. Da gibt es Erde mit und ohne Torf, spezielle Kräutererden, Tomatenerden, allgemeine Gemüseerde, Aussaaterde, Balkonerde und alles auch noch extra in Bioqualität. Für kleinere urbane Gärten macht es wenig Sinn, für jede Pflanze einen eigenen speziellen Sack Erde nach Hause zu schleppen.

Wer nur einige Balkonkistchen oder Pflanzsäcke zu füllen hat, ist mit einer mittelschweren Universalerde gut bedient. Dies sind Erden, die einen mittleren Nährstoffgehalt aufweisen und über eine gute Struktur verfügen. Das heißt, sie besitzen genügend Nährstoffe für schwach zehrende Pflanzen wie Kräuter und für Mittelzehrer wie Kohlrabi und Salat. Möchte man stark zehrendes Gemüse anbauen – wie Zucchini, Tomaten oder Kürbis – mischt man der Erde vor der Pflanzung etwa zehn Prozent Kompost bei und düngt regelmäßig *(siehe Abschnitt Düngen auf Seite 66)*.

Es gibt eine große Auswahl:

1 Komposit
2 Perlit
3 Vermiculit
4 Blähton
5 Universalerde
6 Aussaaterde
7 Sand

Aus Umweltschutzaspekten empfiehlt es sich, torffreie Erde zu verwenden, da Torf eine natürliche Ressource ist, deren Abbau viel Kohlenstoffdioxid freisetzt, Naturlandschaften zerstört und sehr langsam bis kaum nachwächst. Es gibt mittlerweile ein sehr gutes Angebot an torffreien Erden – viele auch in Bioqualität. Die guten Eigenschaften des Torfs – wie Wasserspeicherung und Strukturstabilität – werden auch durch Holzschnitzel und Kokosfasern annähernd ersetzt.

Preislich gesehen ist torffreie Erde – je nach Marke – etwas teurer als Erde mit Torf. Es lohnt sich aber, beim Erdkauf auf eine gute Qualität zu achten und nicht nur auf den Preis.

Auf dem Erdsack findet man die Zusammensetzung der Erde sowie meistens eine Angabe dazu, wie schnell nachgedüngt werden sollte. Ist darauf vermerkt, dass schon nach einer Woche nachgedüngt werden muss, sollte man für den Gemüseanbau besser eine nährstoffreichere Erde wählen.

Land- und Gartenerde

Wer die Möglichkeit hat und den Aufwand nicht scheut, mischt der Universalerde ein Drittel Land- oder Gartenerde bei. Somit werden nützliche Mikroorganismen, die in gekaufter Erde kaum vorhanden sind, zugeführt.

Aussaaterde

Für Anzucht von Setzlingen eignet sich am besten Aussaaterde. Dies ist eine sogenannte «Nullerde», die nur einen sehr geringen Nährstoffgehalt besitzt. Zum Keimen benötigen die Pflanzen keine Nährstoffe von außen, sie kommen mit den im Samen gespeicherten aus. Die Aussaaterde besitzt wenig Struktur, das heißt, sie ist sehr fein, sodass der Keimling möglichst einfach die Erdschicht durchstoßen kann. Aussaaterde kann man auch im Gefäß verwenden – jedoch nur als oberste Schicht auf der Universalerde. Einen ganzen Topf mit Aussaaterde zu füllen, macht aufgrund des sehr niedrigen Nährstoffgehaltes und der feinen Struktur keinen Sinn.

Beet oder Gefäß?

Gärtnert man im Pflanzgefäß, unterscheidet sich die Ausgangslage von der im Gartenbeet. Dem gepflanzten Gemüse stehen nur so viel Liter Erde zur Verfügung, wie im Gefäß Platz finden – und so auch nur eine begrenzte Anzahl an Nährstoffen.

Im Beet kann die Pflanze mithilfe der Wurzeln Nährstoffe und Wasser suchen. Im Topf ist dies nicht möglich und die Pflanze ist auf regelmäßiges Gießen und bei Starkzehrern auch auf regelmäßige Nährstoffzugabe angewiesen. Im Topf besteht außerdem die Gefahr, dass die Pflanze zu wenig Platz hat. Im Bild rechts ist zu sehen, dass sich die Tomaten über mehr Erde freuen würden. Auch der Eisbergsalat rechts würde in einem größeren Gefäß besser wachsen.

Im Unterschied zur Erde im Gartenbeet, die reich an Mikroorganismen und Nützlingen wie Regenwürmern ist, verfügt die gekaufte Erde nur über wenige Mikroorganismen. Die abgefüllte Erde wird vor dem Verkauf sterilisiert. Dadurch werden Schädlinge und Krankheiten, aber auch viele Nützlinge und in der Erde bestehende Samen abgetötet. Der Vorteil besteht darin, dass die Erde frei von Unkraut, Schädlingen und Krankheiten ist.

Füllt man ein Gefäß mit Erde, hat dies – anders als im Gartenbeet – keine Humusschicht, die sich ständig erneuert und Heimat von zahlreichen Kleintieren und Mikroorganismen ist. Durch Mulch in den Pflanzgefäßen *(siehe Abschnitt Mulch Seite 68)* wird die Bildung einer Humusschicht gefördert, da so die Erde mit organischem Material gedeckt ist. Allerdings muss man realistisch bleiben: Der Aufbau einer soliden Humusschicht – im Gartenbeet sind dies bis zu 30 Zentimeter – dauert Jahre. Am besten mischt man der Erde beim Füllen des Pflanzgefäßes zehn Prozent Kompost bei, um eine gute Grundlage für das Pflanzenwachstum zu schaffen.

Perlit & Vermiculit

Perlit und Vermiculit sind vulkanische Gesteine, die auch zum Gärtnern in Gefäßen eingesetzt werden können. Perlit ist vulkanisches Glas (Obsidian) und wird in die Erde eingebracht, um die Luftdurchlässigkeit zu verbessern und dem Verdichten der Erde im Pflanzgefäß entgegenzuwirken. Vermiculit entsteht durch Verwitterung und ist ein Mineral, das saugfähig ist und so Wasser und Nährstoffe speichert. Beim Aussäen kann eine dünne Schicht auf die Erde aufgebracht werden, um das Saatgut und später den Keimling immer gut feucht zu halten. Es kann auch zur Bodenverbesserung in die Erde eingebracht werden.

pH-Werte

Der pH-Wert wird in sauer, alkalisch oder neutral unterteilt. Gekaufte Universal-Gartenerde weist meist einen neutralen bis leicht alkalischen pH-Wert auf, in dem die meisten Gemüse- und Kräuterarten am besten gedeihen.

Kartoffeln und Beeren, wie Heidel- und Preiselbeeren, ziehen saure Böden vor. Darauf sollten Sie beim Kauf der Erde achten.

Der pH-Wert der Erde kann man mit im Handel erhältlichen pH-Metern oder Teststreifen selbst messen. Den pH-Wert von saurem Boden können Sie erhöhen, indem Sie Kalk zufügen. Auf Dauer senken können Sie den pH-Wert, wenn Sie Kaffeesatz zugeben oder Rindenmulch ausbringen.

Kategorie	*pH-Wert*
Sauer	0–7
Neutral	7
Alkalisch	7–14

Neues Gartenjahr, neue Erde?

Erde im Pflanzgefäß senkt sich über das Jahr hinweg um etwa 10 bis 20 Prozent ab, das heißt, Sie müssen vor dem erneuten Aussäen oder Anpflanzen die Gefäße bis knapp unter den Rand mit Erde auffüllen.

Besonders nach dem Winter sollte man das alte Erdsubstrat lockern und mit einer Mischung aus frischem Gartenkompost und Universalerde wieder auffüllen bzw. vermischen, um den Nährstoffgehalt der Erde aufzufrischen. Ist die Erde stark verdichtet, kann man zusätzlich Perlit zur Lockerung einbringen.

Die alte Erde muss nicht, wie oft angenommen, jährlich im Abfall landen – außer die Pflanze hatte eine Pilz- oder Viruserkrankung oder war von in der Erde lebenden Schädlingen befallen, zum Beispiel von Engerlingen. Dann empfiehlt es sich, die gesamte Erde auszutauschen.

Nach zwei bis drei Jahren sollte die Erde jedoch komplett ausgewechselt werden, da sich über die Zeit auch Schadstoffe in der Erde ansammeln können.

Idealerweise liegt die Erde im Pflanzgefäß nie brach und ist immer bedeckt. Dies kann nach dem Abernten im Herbst durch Wintersalate, Gründüngungen – zum Beispiel mit Spinat oder Feldsalat– oder Abdecken mit Mulch geschehen.

Gärtnern ohne Erde

Neben dem urbanen Gärtnern in Erdsubstraten wird vermehrt auch hydroponisch und aquaponisch in Innen- und Außenräumen gegärtnert *(siehe Bild rechts)*.

Unter Hydroponik versteht man den Anbau von Pflanzen ganz ohne Erdsubstrate. Die Wurzeln stehen je nach Methode im Wasser oder werden immer wieder durch zirkulierendes Wasser benetzt. Nährstoffe gelangen durch Zugabe von speziellen Flüssigdüngern zu den Pflanzen, wobei man sehr genau auf die individuellen Nährstoffbedürfnisse der Pflanzen eingehen muss. Wird dabei mit geschlossenen Wasserkreisläufen gearbeitet, ist der Wasserverbrauch geringer als beim Anbau im Erdsubstrat.

Auch im eigenen Wohnzimmer können Basilikum, Salate und Petersilie hydroponisch angepflanzt werden– wie, zeigt das Projekt «Schrebermeister» auf Seite 98.

Aquaponik ist eine Kombination vom Anbau in Wasser und Fischhaltung. Die Pflanzen ernähren sich von den Ausscheidungen der Fische und säubern wiederum das Wasser für die Fische. In der Schweiz wurde im Frühjahr 2013 die weltweit erste aquaponische Dachfarm der Urban Farmers eröffnet *(UF001 LokDepot auf Seite 99)*.

Warum brauchen Pflanzen Licht?

Pflanzen benötigen Licht und Blattgrün (Chlorophyll), um es zusammen mit Kohlendioxid und Wasser zu Traubenzucker, Sauerstoff und Wasser umzuwandeln. Diesen Vorgang nennt man Fotosynthese.

Kohlendioxid ziehen die Pflanzen aus der Luft, Wasser aus dem Boden, das Chlorophyll ist in den Blättern enthalten. Den energiereichen Traubenzucker bauen die Pflanzen in chemischen Prozessen ab. Die neu gewonnenen Verbindungen werden für das Wachstum und den Stoffwechsel verwendet. Nicht benötigter Traubenzucker wird in Stärke umgewandelt. Sauerstoff und Wasser geben die Pflanzen an die Luft ab.

MORGENSONNE

Hat man mehrere Standorte zur Auswahl, wählt man für den urbanen Gemüsegarten am besten einen mit Morgensonne – so eine alte Gartenregel. Eine Erklärung dafür könnte sein, dass die mikroskopisch kleinen Spaltöffnungen auf den Blattunterseiten dann offen sind und Kohlendioxid aufnehmen können. Somit ist eine große fotosynthetische Aktivität möglich.

Wie viel Sonne brauchen die Pflanzen?

Gemüse und Kräuter benötigen Sonne zum Wachsen und Reifen, jedoch unterschiedlich viel. Vor dem Anpflanzen sollte man sich daher über den Sonnenbedarf des Lieblingsgemüses gut informieren.

Generell unterscheidet man zwischen vollsonnigen, halbschattigen und schattigen Standorten. Unter vollsonnig versteht man sechs bis acht Stunden direkte Sonneneinstrahlung pro Tag in der Hauptvegetationsperiode Mai bis August. Bei drei bis sechs Stunden Sonne täglich spricht man von Halbschatten. Ein schattiger Standort hat weniger als drei Stunden Sonne pro Tag.

Fruchtbildende Pflanzen wie Tomaten, Auberginen und Zucchini, aber auch südländische Kräuter wie Oregano und Basilikum gedeihen man besten an vollsonnigen Standorten. Blattgemüse wie Spinat oder Schnittsalat sowie Rote Beete, Minze und Petersilie kommen auch mit weniger Sonne zurecht *(siehe dazu auch Pflanzen für schattigere Lagen auf Seite 146 ff.)*.

Da liegt was in der Luft – Abgase und Schadstoffe

Neben all den positiven Seiten des urbanen Gärtnerns stellt sich oft die Frage der Abgas- und Schadstoffbelastung und ob Gemüseanbau in der Stadt dann gesund sei.

Hier sollte man logisch vorgehen: Ist der Balkon jeden zweiten Tag mit einer gut sichtbaren Schicht Feinstaub überzogen, sollte man besser vom Nutzgarten am Balkon absehen. Sonst gilt die Regel, dass die Belastung mit jedem Meter Entfernung von einer stark befahrenen Straße abnimmt. Auch Hecken, Bäume und andere Arten des Sichtschutzes helfen, Schadstoffe abzuhalten.

Möchte man ein urbanes Gartenprojekt direkt im Stadtboden realisieren, empfiehlt es sich, Bodenproben zu nehmen und auswerten zu lassen. Hierbei können Stadtgärtnereien, Gartencenter oder Organisationen wie zum Beispiel Bioterra weiterhelfen. Nur wenn der Boden unbelastet ist, sollten Sie dort Gemüse anbauen.

Auf jeden Fall empfiehlt es sich, geerntetes Gemüse und gepflückte Kräuter vor dem Essen gut abzuwaschen. Eine Mulchschicht im Gefäß *(siehe Abschnitt Mulch auf Seite 68)* hält Schadstoffe von der Erde fern. Lässt man Gemüse an der Hauswand entlangranken, sollte man sicher sein, dass die Wand nicht mit bleihaltigen Farben gestrichen ist, wie es bei alten Häusern noch vorkommen kann.

WELCHES GEMÜSE PASST ZU MIR?

Bei der Sortenwahl beachtet man unter anderem das persönliche Zeitbudget, den Standort, die Ernteerwartung und die persönlichen Vorlieben für Gemüse. Pflanzt man direkt im Boden, ist es nützlich, den pH-Wert zu bestimmen, um die Erde optimal auf die Bepflanzung vorzubereiten.

Gute Nachbarn – schlechte Nachbarn

Kombiniert man mehrere Pflanzen in einem Pflanzgefäß oder urbanen Beet sollte man darauf achten, dass die Pflanzen auch zusammenpassen.

Bestimmte Gemüsesorten wie Tomaten und Kartoffeln pflanzt man nicht zusammen an, da sie von denselben Krankheiten befallen werden können.

Andere Pflanzenkombinationen, beispielsweise Zwiebeln und Karotten, unterstützen sich gegenseitig in der Schädlings- und Krankheitsabwehr. Oder sie bedecken und beschatten den Boden oder stellen eine Rankhilfe für andere Pflanzen dar– zum Beispiel Sonnenblumen oder Mais für Stangenbohnen.

Man spricht hierbei von Mischkultur. Nachfolgend finden Sie eine Auflistung von besonders guten und eher schlechten Pflanzenkombinationen:

Gemüse/Kräuter	*Gute Nachbarn*	*Schlechte Nachbarn*
Auberginen	–	Paprika, Tomaten
Basilikum	Tomaten, Gurken, Kohl	Dill, Majoran
Bohnen	Bohnenkraut, Dill, Erdbeeren, Gurken, Kartoffeln, Kohlarten, Kohlrabi, Kopfsalat, Mais, Pflücksalat, Rote Beete, Radieschen, Rettich, Sellerie, Tomaten	Erbsen, Fenchel, Knoblauch, Lauch, Zwiebeln
Bohnenkraut	Bohnen, Zwiebeln	–
Chicorée	Fenchel, Karotten, Tomaten	–
Dill	Bohnen, Erbsen, Gurken, Karotten, Kohlrabi, Kohl, Kopfsalat, Pflücksalat, Rote Beete, Zwiebeln	Kerbel, Kümmel, Kürbis, Petersilie, Sellerie, Kresse
Endivien	Fenchel, Kohlarten, Lauch, Bohnen	–
Erbsen	Dill, Fenchel, Gurken, Kohlarten, Kohlrabi, Kopfsalat, Mais, Karotten, Radieschen, Zucchini	Bohnen, Kartoffeln, Knoblauch, Lauch, Tomaten, Zwiebeln
Erdbeeren	Borretsch, Bohnen, Knoblauch, Kopfsalat, Lauch, Radieschen, Schnittlauch, Spinat, Zwiebeln, Feldsalat	Kohlarten
Feldsalat	Endivien, Erdbeeren, Kohlrabi, Radieschen, Ringelblumen, Winterportulak, Zwiebeln	–
Fenchel	Chicorée, Endivien, Erbsen, Feldsalat, Gurken, Kopfsalat, Pflücksalat, Radicchio, Salbei, Zuckerhut	Bohnen, Kümmel, Tomaten
Gurken	Bohnen, Dill, Erbsen, Fenchel, Kohlarten, Kopfsalat, Koriander, Kümmel, Lauch, Mais, Rote Beete, Sellerie, Zwiebeln	Radieschen, Tomaten
Kapuzinerkresse	Kartoffeln, Paprika, Tomaten, Zucchini	–
Karotten	Kohl, Dill, Endivien, Erbsen, Knoblauch, Kopfsalat, Lauch, Mangold, Pflücksalat, Zwiebeln, Schnittlauch	–
Kartoffeln	Bohnen, Dill, Kapuzinerkresse, Kümmel, Mais, Pfefferminze, Spinat, Meerrettich	Erbsen, Gurken, Knoblauch, Kohl, Rote Beete, Sellerie, Sonnenblumen, Tomaten, Zwiebeln
Knoblauch	Erdbeeren, Gurken, Karotten, Paprika, Petersilie, Rote Beete, Tomaten, Rosen, Tulpen, Salat	Bohnen, Erbsen, Kohl, Lauch

Gemüse/Kräuter	*Gute Nachbarn*	*Schlechte Nachbarn*
Kohl	Kartoffeln, Erbsen, Kopfsalat, Mangold, Pflücksalat, Lauch, Rote Beete	andere Kohlsorten, Erdbeeren, Kartoffeln, Knoblauch, Kohlrabi, Kopfsalat, Radieschen, Rucola, Zwiebeln
Kohlrabi	Bohnen, Dill, Endivien, Erbsen, Feldsalat, Gurken, Kamille, Kopfsalat, Lauch, Pflücksalat, Radieschen, Rote Beete, Schwarzwurzeln, Sellerie, Spargel, Spinat, Tomaten	Kohl, Zwiebeln
Kopfsalat	Bohnen, Dill, Erdbeeren, Fenchel, Gurken, Karotten, Kerbel, Kohlrabi, Mais, Pfefferminze, Radieschen, Rettich, Rucola, Spargel, Zwiebeln, Zichorien-Salate	Petersilie, Sellerie
Kürbis	Mais, Ringelblumen	Dill, Gurken
Lauch	Endivien, Erdbeeren, Kamille, Karotten, Kohl, Kohlrabi, Petersilie, Rosenkohl, Schwarzwurzeln, Sellerie, Tomaten	Bohnen, Erbsen, Rote Beete
Mais	Bohnen, Erbsen, Gurken, Kartoffeln, Kopfsalat, Kürbis, Melonen, Pflücksalat, Rucola, Salbei, Senf	Rote Beete, Sellerie
Mangold/Krautstiel	Basilikum, Bohnen, Karotten, Kohlarten, Kürbis, Pflücksalat, Radieschen, Rettich	Rote Beete
Paprika/Peperoni	Bohnen, Kapuzinerkresse, Knoblauch, Ringelblumen	Erbsen, Gurken, Kartoffeln, Sellerie, Tomaten, Auberginen
Petersilie	Grünkohl, Gurken, Knoblauch, Lauch, Radieschen, Rettich, Ringelblumen, Tomaten	Salat, Sellerie, Pfefferminze
Pflück- und Schnittsalat	Brokkoli, Dill, Erbsen, Karotten, Kohlrabi, Kopfkohl, Mais, Mangold, Pastinaken, Radieschen, Rosenkohl	Petersilie
Radieschen/Rettich	Bohnen, Erbsen, Feldsalat, Kohl, Kapuzinerkresse, Kopfsalat, Mangold, Petersilie, Pflücksalat, Spinat	Gurken, Zwiebeln
Rote Beete	Bohnen, Bohnenkraut, Dill, Gurke, Knoblauch, Kohl, Kohlrabi, Pastinaken, Zwiebeln	Kartoffeln, Mais, Mangold, Spinat, Lauch

Gemüse/Kräuter	Gute Nachbarn	Schlechte Nachbarn
Schnittlauch	–	Lauch, Petersilie
Sellerie	Bohnen, Kohl, Gurken, Kamille, Kohlrabi, Kopfkohl, Lauch, Ringelblumen	Dill, Endivien, Karotten, Kartoffeln, Kopfsalat, Mais, Paprika, Pastinaken, Petersilie
Spinat	Endivien, Erdbeeren, Kohl, Kohlrabi, Pastinaken, Radieschen, Sellerie, Stangenbohnen, Tomaten, Winterportulak, Zucchini	–
Tomaten	Basilikum, Borretsch, Kapuzinerkresse, Knoblauch, Kohlrabi, Kohl, Kopfsalat, Lauch, Petersilie, Pflücksalat, Radieschen, Rettich, Ringelblumen, Sellerie, Spinat	Erbsen, Fenchel, Gurken, Kartoffeln, Kohlrabi, Paprika, Auberginen
Winterportulak	Feldsalat, Rucola, Spinat	Sommerportulak
Zucchini	Basilikum, Bohnen, Borretsch, Kapuzinerkresse, Mais, Rote Beete, Spinat, Zwiebeln	–
Zwiebeln	Bohnenkraut, Dill, Erdbeeren, Feldsalat, Kamille, Karotten, Kopfsalat, Rote Beete, Schwarzwurzeln, Zichorien-Salate	Artischocken, Bohnen, Erbsen, Kartoffeln, Kohl

Fruchtfolgen

Neben der Mischkultur sollte man beim urbanen Gärtnern, wie beim Gärtnern im regulären Gartenbeet, die Fruchtfolgen beachten. Unter Fruchtfolge versteht man den jährlichen Standortwechsel von schwach zehrenden, mittel zehrenden und stark zehrenden einjährigen Gemüsesorten. Pflanzt man in einem Jahr in einem großen Pflanzgefäß Zucchini an, eine starkzehrende Pflanze, sollte man im nächsten Jahr nicht wieder eine Gemüsesorte in derselben Erde anpflanzen, die sehr viele Nährstoffe benötigt. So gönnt man der Erde eine Pause, um wieder Kraft zu schöpfen.

Die bekannteste Fruchtfolge ist die Drei-Jahres-Rotation mit vier Gefäßen bzw. Beeten. Im ersten Jahr wird ein Gefäß mit schwach zehrenden, eines mit mittel zehrenden und eines mit stark zehrenden Gemüsesorten und Kräutern bepflanzt. Das vierte Gefäß gehört den Pflanzen, die gerne denselben Standort haben, wie Tomaten, Erdbeeren und Rhabarber.

Kategorie	*Sorten*
Schwachzehrer	Bohnen, Erbsen, Kräuter, Erdbeeren
Mittelzehrer	Knoblauch, Zwiebel, Karotten, Radieschen, Kohlrabi, Rote Beete, Salate, Fenchel, Spinat, Paprika
Starkzehrer	Zucchini, Kürbis, Kohlarten, Gurken, Kartoffeln, Tomaten, Sellerie, Rhabarber, Melonen, Lauch, Zuckermais

Im zweiten Jahr pflanzt man nun die Mittelzehrer in das Gefäß der Starkzehrer, die Starkzehrer in das Gefäß der Schwachzehrer und die Schwachzehrer in das Gefäß der Mittelzehrer. Im dritten Jahr rotiert man nach dem gleichen Schema.

Möchte man in einem Jahr nicht alle Gefäße oder Beete bepflanzen, lohnt es sich dennoch, zumindest eine Gründüngung auszusäen. Hierfür eigen sich beispielsweise Spinat, Senf, Sonnenblumen oder die wunderbar blühende Phacelia, auch Bienenweide genannt. Gründüngung schützt den Boden, macht diesen lockerer und aktiviert wichtige Mikroorganismen in der Erde.

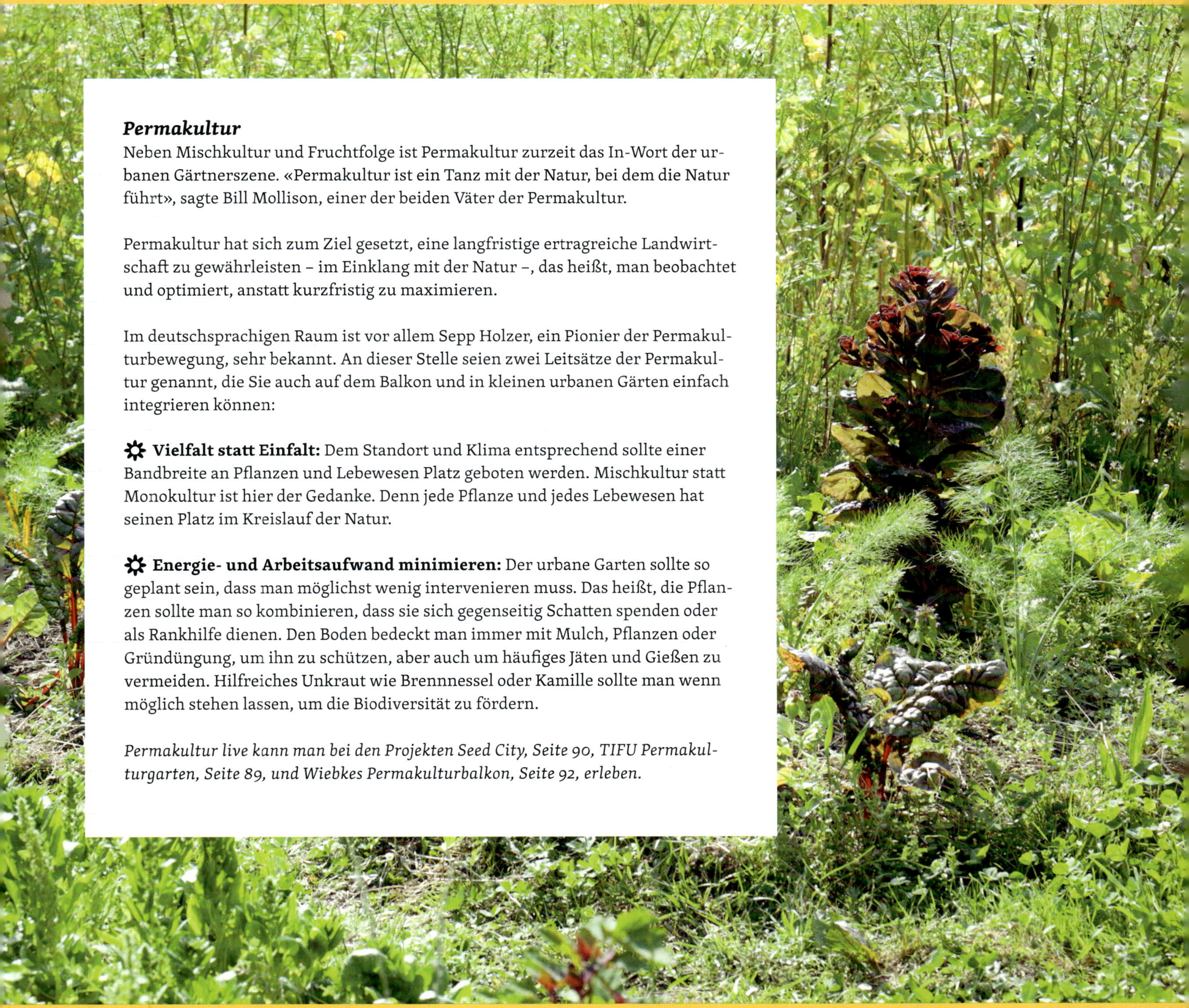

Permakultur

Neben Mischkultur und Fruchtfolge ist Permakultur zurzeit das In-Wort der urbanen Gärtnerszene. «Permakultur ist ein Tanz mit der Natur, bei dem die Natur führt», sagte Bill Mollison, einer der beiden Väter der Permakultur.

Permakultur hat sich zum Ziel gesetzt, eine langfristige ertragreiche Landwirtschaft zu gewährleisten – im Einklang mit der Natur –, das heißt, man beobachtet und optimiert, anstatt kurzfristig zu maximieren.

Im deutschsprachigen Raum ist vor allem Sepp Holzer, ein Pionier der Permakulturbewegung, sehr bekannt. An dieser Stelle seien zwei Leitsätze der Permakultur genannt, die Sie auch auf dem Balkon und in kleinen urbanen Gärten einfach integrieren können:

- **Vielfalt statt Einfalt:** Dem Standort und Klima entsprechend sollte einer Bandbreite an Pflanzen und Lebewesen Platz geboten werden. Mischkultur statt Monokultur ist hier der Gedanke. Denn jede Pflanze und jedes Lebewesen hat seinen Platz im Kreislauf der Natur.

- **Energie- und Arbeitsaufwand minimieren:** Der urbane Garten sollte so geplant sein, dass man möglichst wenig intervenieren muss. Das heißt, die Pflanzen sollte man so kombinieren, dass sie sich gegenseitig Schatten spenden oder als Rankhilfe dienen. Den Boden bedeckt man immer mit Mulch, Pflanzen oder Gründüngung, um ihn zu schützen, aber auch um häufiges Jäten und Gießen zu vermeiden. Hilfreiches Unkraut wie Brennnessel oder Kamille sollte man wenn möglich stehen lassen, um die Biodiversität zu fördern.

Permakultur live kann man bei den Projekten Seed City, Seite 90, TIFU Permakulturgarten, Seite 89, und Wiebkes Permakulturbalkon, Seite 92, erleben.

ZEIT FÜR DIE AUSSAAT

Ende Februar beginnt die Zeit der Aussaat für das neue Gartenjahr. Je nach Pflanzensorte zieht man den Setzling entweder am Fensterbrett vor oder sät direkt in das Endgefäß. Wenn es die Zeit erlaubt, lohnt es sich, zumindest die Pflanzen, die direkt in das Endgefäß gesät werden, auszusäen, anstatt Setzlinge zu kaufen. Die Pflanzen sind dann von Beginn an an die örtlichen und die klimatischen Bedingungen des urbanen Standortes gewöhnt.

Saatgut

In Gartencentern und Onlineshops gibt es mittlerweile eine große Auswahl an unterschiedlichen Saatgutmarken und auch immer mehr speziell für den Balkon gezüchtete Sorten. Biologisches lokales Saatgut, das unter denselben klimatischen Bedingungen wie der Anpflanzort gewonnen wird, ist für den urbanen Garten am besten. Oft findet man bei den biologischen lokalen Saatgutbetrieben auch besondere und nicht alltägliche Samensorten, beispielsweise kleinwüchsigen Popcornmais oder Spargelerbsen.

Wer alte Sorten mag und die Biodiversität fördern möchte, kann über Organisationen wie *Pro Specie Rara* (Schweiz), *Arche Noah* (Österreich) oder den *Verein zur Erhaltung der Nutzpflanzenvielfalt* (Deutschland) Informationen und Saatgut beziehen oder nach einer Saatgutbibliothek oder Tauschbörse in seiner Region Ausschau halten. Im Anhang sind die Biosaatgutbetriebe in Deutschland, Österreich und der Schweiz aufgelistet.

HYBRID SAATGUT

Beim Samen- und Setzlingskauf sollte man auf die Bezeichnung F1 oder Hybrid achten. Dies bezeichnet Saatgut, das speziell gezüchtet wurde und meist gentechnisch hergestellt ist. Die Samen des Saatgutes sind nicht fruchtbar, und man kann daraus nicht wieder dieselbe Pflanze ziehen.

Was im eigenen Garten im Kleinen kein Problem ist, stellt in Entwicklungsländern jedoch viele Bauern vor große Herausforderungen. Wurde einmal hybrides Saatgut verwendet, muss jährlich wieder neues Saatgut teuer eingekauft werden, teilweise auf Kredit. Die Abhängigkeit von den großen Saatgutkonzernen ist so enorm.

Saatgut gibt es in Hülle und Fülle:

1 Buschbohnen
2 Kapuzinerkresse
3 Radieschen
4 Tomaten
5 Sojabohnen
6 Rote Beete
7 Pflücksalat
8 Gurken
9 Erbsen

Großes Saatgut:

10 Kartoffeln
11 Zwiebeln und Knoblauch

Infos von der Rückseite

Vor dem Aussäen sollte man sich unbedingt der Rückseite der Samenpackung widmen. Auf dieser verstecken sich viele nützliche Informationen, die das urbane Gartenerlebnis erfolgreich machen können. Je nach Hersteller werden die perfekte Aussaat- und Erntezeit, Aussaattiefe, Abstand in der Reihe und zwischen den Reihen sowie Informationen zur Pflege beschrieben. Hier folgt eine kleine Übersicht der verwendeten Begriffe:

Begriff	*Erklärung*
Direktsaat	Samen werden direkt am Endstandort (Gefäß, Beet) ausgesät. Im März/April erfolgt dies meistens im Frühbeet oder Frühpflanzgefäß, das durch einen Tunnel oder ähnliches abgedeckt ist.
Vorziehen, Aussaat in Töpfen	Das Saatgut wird im Haus oder im Gewächshaus ausgesät und später als Setzling an den Endstandort ausgepflanzt. Bei Zucchini, Gurken und Kürbissen werden einzelne Samen in Töpfe gesät, bei Tomaten und Chilis viele Samen zusammen im Gefäß.
8er, 10er, 14er Töpfe	Die Zahl beschreibt den empfohlenen Durchmesser des Topfes.
Keimtemperatur	Die Temperatur, die der Samen zum Keimen benötigt: Bei wärmeliebenden Pflanzen wie Tomaten oder Paprika liegt die Temperatur oft bei 20 bis 23 Grad Celsius.
Keimdauer	Die Zeitspanne, die der Samen benötigt, um zu keimen: Das können wenige Stunden, zum Beispiel bei Sprossen, bis mehrere Wochen, zum Beispiel bei Kapuzinerkresse, sein.
Abhärten	Diese Setzlinge sollte man tagsüber nach draußen stellen, damit sie sich an das direkte Sonnenlicht und die Temperaturen gewöhnen. An sehr sonnigen Tagen sollte man die Setzlinge eventuell beschatten.
Auspflanzen	Vorgezogene Setzlinge werden in das Endgefäß/Beet gepflanzt.
Abstand in der Reihe	Der Abstand der einzelnen Samen/Setzlinge in der Pflanzreihe: Am besten man stellt sich die Endgröße des Gemüses oder der Kräuter vor.
Abstand zwischen den Reihen	Hat man die Möglichkeit, mehrere Reihen nebeneinander zu pflanzen, beschreibt dies den Abstand zwischen den einzelnen Pflanzreihen.
Ausdünnen	Nach dem Keimen die Keimlinge, die zu dicht stehen, entfernen: Dies ist vor allem bei Pflanzen mit sehr feinen Samen, die man nur schwer einzeln säen kann, notwendig, wie bei Karotten. Wird nicht ausgedünnt, können die Keimlinge nicht zu großen Pflanzen heranwachsen.
Pikieren	Vorgezogene Jungpflanzen, die innerhalb der zwei Keimblätter drei bis vier Blätter besitzen, einzeln in einen größeren Topf setzen: Nach dem Pikieren wachsen die Jungpflanzen zu Setzlingen heran, die ins Endgefäß oder ins Freiland ausgepflanzt werden können.

Auf der Rückseite der Samenpackung ist weiter vermerkt, für wie viele Quadratmeter der Packungsinhalt reicht. Eine durchschnittliche Packung Salatsamen reicht beispielsweise für fünf Quadratmeter. Dies sollte man beim Aussäen beachten. Denn meistens verwendet man zu viele Samen.

Lichtkeimer, Dunkelkeimer, lichtneutrale Keimer
Pflanzen benötigen unterschiedliche Lichtverhältnisse um zu keimen:

Lichtkeimer benötigen Licht zum Keimen und werden nach dem Aussäen nicht mit Erde bedeckt. Man drückt den Samen nur leicht an, zum Beispiel Basilikum und Petersilie.

Dunkelkeimer benötigen Dunkelheit zum Keimen. Der Samen wird je nach Sorte 1,5 bis 3 Zentimeter tief in die Erde gesät, zum Beispiel Feldsalat.

Lichtneutrale Keimer sind die Mehrheit der Nutzpflanzen. Man bedeckt sie doppelt so hoch mit Erde, wie der Samen selbst groß ist.

Keimvorgang beschleunigen

Um den Keimvorgang zu beschleunigen, kann man die Samen sechs bis acht Stunden in Wasser einweichen. Dies wird zum Beispiel bei Bohnensamen sehr häufig gemacht.

Wichtig! Nachdem der Samen gekeimt ist, sollte man das Gefäß an einen sehr hellen, aber kühleren, nicht vollsonnigen Ort stellen. Ist es zu warm und gibt es zu wenig Licht, schießt die Jungpflanze in die Höhe und bildet einen langen instabilen Stängel mit wenigen Blättern. Solche Jungpflanzen erholen sich kaum. Am besten säen Sie dann nochmals aus und wählen dabei einen besseren Standort.

Voranzucht innen

Zum Vorziehen im Haus oder im Gewächshaus reichen schon kleine Gefäße. Man kann entweder Voranzuchtgefäße oder Innengewächser kaufen oder diese selbst aus recycelten Materialien bauen *(siehe Gewächshäuser für jedermann Seite 138/139)*. Halbierte Toilettenpapierrollen, leere Joghurtbecher, Tetrapaks oder die Töpfchen von im Vorjahr eingesetzten Pflanzen eignen sich sehr gut dafür. Wichtig ist, dass das Wasser in den Gefäßen abfließen kann. In Tetrapaks und Joghurtbechern macht man dafür kleine Löcher in die Unterseite und stellt sie auf einen Untersetzer. Die Gefäße füllt man dann mit Aussaaterde und kann sie nach dem Säen mit Vermiculit bedecken.

Vor dem Aussäen von Sorten mit feinem Saatgut, wie Karotten oder Schnittsalat, gießt man die Erde gleichmäßig mit einer Brause an. Dann sät man je nach Gemüseart einen oder mehrere Samen in das Gefäß und bedeckt den Samen mit Erde. Danach wird die Erde etwas angedrückt. Der Samen benötigt den Kontakt mit der Erde, um zu keimen. Bei grobem Saatgut, beispielsweise Bohnen, gießt man nun an. Die Erde sollte bis zum Keimen gleichmäßig feucht gehalten werden. Man gießt entweder mit einer feinen Brause oder besprüht die Erde zwei bis dreimal am Tag mithilfe einer Sprühflasche.

Das Pflanzgefäß kann man durch Überstülpen einer halbierten PET-Flasche oder Überspannen von Frischhaltefolie in ein kleines Treibhaus verwandeln. Regelmäßiges Lüften ist dann notwendig, damit Pilzerkrankungen weniger Chancen haben.

Nach dem Säen schreibt man mit Etiketten die Sorte und das Saatdatum an.

Faustregel für das Aussäen

Den Samen lieber weniger tief als zu tief säen: Durch das Gießen und das Bewegen des Pflanzgefäßes wird er sowieso weiter nach unten geschwemmt.

Schnittsalat
Blumen

Pikieren

Stößt der Keimling durch die Erde, bilden sich am Anfang zwei Keimblätter. Diese ersten Blätter der Pflanzen sind zumeist rund und unterscheiden sich in Form und Größe von den richtigen Blättern der Pflanze. Diese werden ab dem dritten Blatt gebildet. Mais gehört zu den Einkeimblättrigen Pflanzen, das heißt, bei der Keimung bildet sich nur ein Keimblatt.

Nun ist es an der Zeit, Jungpflanzen, die zu eng stehen, zu pikieren und in eigene Töpfe zu setzen. Je nach Pflanze werden nun 9er- bis 12er-Töpfe verwendet. Diese füllt man mit Universalerde.

Beim Pikieren wird die Jungpflanze vorsichtig mit den Wurzeln aus der Erde gezogen und bis zu den ersten Blättern tief in eine Mulde im neuen Topf eingesetzt. Hierbei sollten die Wurzeln nicht beschädigt werden. Am besten verwendet man anstelle der Finger eine spezielle Pikiergabel oder eine alte Besteckgabel. Nach dem Umsetzen sollten Sie die Pflanze gut angießen. Der Keimling wächst dann zum Setzling heran, der ins Freiland oder ins Endgefäß ausgepflanzt wird, sobald der Topf durchwurzelt ist.

Direktsaat draußen

Sät man direkt in das Pflanzgefäß oder im Beet, kann man auf die Erde eine zwei bis drei Zentimeter dicke Schicht Aussaaterde geben. Bei feinem Saatgut sollten Sie vor dem Aussäen wiederum gut gießen.

Beim Aussäen sollte der empfohlene Pflanzabstand beachtet werden. Der Pflanzabstand ist so berechnet, dass das Gemüse in seiner ausgewachsenen Form genügend Platz hat. Hierfür stellt man sich am besten die Größe des geernteten Gemüses vor und fügt noch einmal Platz für die Blätter hinzu. Eine Zucchinipflanze benötigt beispielsweise mindestens 60 mal 60 Zentimeter Pflanzabstand, ein Radieschen wiederum nur zwei Fingerbreit. Ist man sich unsicher, kann man auch Saatbänder verwenden. Darin ist das Saatgut schon im richtigen Abstand eingearbeitet.

Hat man zu eng gesät – was meistens passiert –, entfernt man überschüssige Pflanzen, sobald sie drei Blätter haben oder pikiert diese in ein anderes Pflanzgefäß. Bei vielen Pflanzen kann man die Blätter des Setzlings als Salat essen, beispielsweise bei der Roten Beete. Dünnt man die Setzlinge nicht aus, kann sich die Pflanze nicht richtig entwickeln. Radieschen oder Karotten bilden dann zum Beispiel keine Wurzelknolle.

Auch bei der Direktsaat gilt die Faustregel: «Lieber weniger tief als zu tief setzen». Sie müssen keine tiefen Rillen ziehen, um darin auszusäen. Aber nach dem Säen im Gefäß und Beet sollten Sie die Erde gut, aber nicht flächig andrücken. Auch im Pflanzgefäß oder Beet schreibt man mit Etiketten die Sorte und das Saatdatum an. Da manche Sorten bis zu 20 Tage zum Keimen benötigen, hilft dies, nicht zu vergessen, was wo gesät wurde.

Aussäen Advanced

Sehr kleine Samen wie Karotten kann man für das Aussäen auch mit Sand mischen. Dies erleichtert den Samen das Durchdringen der Erdoberfläche. Bei großen Beeten kann man auch eine Schnur als Hilfe spannen, um die Pflanzreihen beim Aussäen zu markieren.

Da manche Pflanzen zum Wachsen mehrere Wochen bis Monate benötigen, kann man den Raum um diese Pflanzen in der Zwischenzeit mit schnell wachsenden Gemüsesorten wie Radieschen oder Schnittsalat bestücken.

NUN KOMMT DAS AUSPFLANZEN

Je nach Wetter und Gemüsesorte können ab Mitte März Setzlinge in das Beet und die Pflanzgefäße gepflanzt werden. Die Saison startet mit den ersten Frühlingssalaten und Kohlrabi, die häufig noch unter Folie gezogen werden. Von Woche zu Woche erweitert sich dann die Auswahl an Setzlingen und erreicht Mitte Mai, wenn auch Tomaten, Zucchini & Co. ihren Platz im urbanen Beet finden, den Höhepunkt.

Einen guten Setzling erkennen

Kauft man Setzlinge, sollte man darauf achten, gute Ware auszuwählen. Ein gesunder Setzling hat keine braunen und gelben Blätter, keine Krankheiten und Schädlinge. Der Wurzelballen ist so gut verwurzelt, dass beim Herauslösen aus dem Topf die Erde nicht auseinanderbricht. Der Setzling sollte aber auch nicht zu lange im Topf gewachsen sein. Vor allem bei Kräutersetzlingen sieht man oft einen regelrechten Filz unter dem Topf – ein Zeichen, dass die Pflanze zu lange im Topf ist. Die Wurzeln beginnen dann im Kreis zu wachsen, was man vor allem bei Pfefferminze sehr häufig beobachten kann. Hat man einen Setzling mit Filz gekauft, muss dieser unbedingt vor dem Pflanzen aufgerissen werden.

Um die Setzlinge zu beurteilen, sollte man im Gartencenter oder am Markt die Unterseite des Topfes anschauen oder die Ware sogar kurz aus dem Topf nehmen – auch wenn das von den Gartencentern nicht gerne gesehen wird.

Pflanzen abhärten

Hat man selbst Setzlinge gezogen, ist es wichtig, dass sie nicht zu früh ausgepflanzt werden. Neben den Keimblättern sollten drei bis vier richtige Blätter schon vorhanden und die Erde im Aussaatgefäß gut durchwurzelt sein.

Die Setzlinge müssen sich erst langsam an das neue Leben im Freien gewöhnen. Die UV-Strahlung ist stärker und die Temperatur schwankt – ein Schock für junge Pflänzchen. Daher sollten sie langsam abgehärtet werden. Am besten man stellt die Setzlinge, sobald die Außentemperatur konstant mehr als fünf bis zehn Grad Celsius beträgt, tagsüber ins Freie: Zuerst in den Schatten, dann einige Tage in den Halbschatten und erst dann in sehr sonnige Lagen. So sind die Setzlinge optimal auf ihr neues Zuhause vorbereitet.

Feucht, nicht nass

Ob selbstgezogen oder gekauft – beim Einpflanzen muss der Setzling feucht, aber nicht nass sein. Dies erleichtert die Akklimatisierung am neuen Ort. Drückt man die Erde zusammen und es rinnt Wasser heraus, ist er zu nass.
Sind Teile des Erdballens noch trocken und droht die Erde zu zerkrümeln, ist es zu trocken. Am besten taucht man den Setzling in einen Kübel mit Wasser. Erst wenn keine Luftblasen mehr an die Wasseroberfläche aufsteigen, hat sich der Wurzelballen mit Wasser vollgesogen.

Abstand halten

Es lohnt sich, vor dem Auspflanzen die Setzlinge zuerst auf dem Gefäß oder dem Beet zu verteilen und anzuordnen. Hat man dabei immer die Endgröße des Gemüses im Auge, pflanzt man in der Regel nicht zu eng und nicht zu viel.

Umdrehen und lösen

Setzlinge löst man am einfachsten aus ihrem Topf, indem man die Pflanze am Stielansatz mit den Fingern der einen Hand vorsichtig stützt und so den Topf umdreht. Die andere Hand löst vorsichtig durch Drehen und leichtes Drücken den Topf und nimmt ihn ab. Die Wurzeln sollten bei Gemüsesetzlingen nur sehr vorsichtig angefasst werden, um sie nicht zu verletzen.

Kräuter anreißen

Bei Kräutern kann gröber zugepackt werden. Um den Wurzeln zu signalisieren, dass sie nun mehr Platz haben, reißt man den Wurzelballen an oder schneidet ihn mit einer Schere ein. Sonst kann es vorkommen, dass man die Pflanze im Herbst wieder genauso aus dem Gefäß nimmt, wie sie eingepflanzt war.

Das Herz bleibt oben

Pflanzen Sie die Setzlinge nicht zu tief ein. Das Herz des Setzlings – auf dem großen Bild gut zu sehen –, die kleinen Blätter in der Mitte bzw. der Fruchtansatz, müssen über der Erde sein. Ausnahmen sind Tomaten, Paprika und Auberginen, die man sehr tief pflanzt. Diese können bis zum ersten Blatt in die Erde gesetzt werden – am besten leicht schräg. So können sich seitliche Wurzeln, sogenannte Adventivwurzeln, ausbilden.

Verschiedene Ebenen nutzen

Um den Ertrag in den Gefäßen zu steigern und die Erde bei hochwachsenden Pflanzen wie Tomaten, Gurken oder Sonnenblumen nicht brachliegen zu lassen, werden diese unterpflanzt. Das heißt, man setzt niedrigwachsende und flachwurzelnde Kräuter- oder Gemüsesorten, die wenige Nährstoffe benötigen, unter die hochwachsende Pflanze. Ideal ist es zum Beispiel, Basilikum zu Tomaten zu setzen. Salate, Radieschen, Kohlrabi und Erdbeeren sind weitere gute Lückenfüller.

Geduld zahlt sich aus

Wie beim Säen lohnt es sich auch beim Auspflanzen, auf den richtigen Zeitpunkt zu warten – wenn dies je nach Wetterlage manchmal auch viel Geduld benötigt. Vor allem wärmeliebende Pflanzen wie Tomaten, Zucchini, Kürbisse und Gurken sollten Sie nicht vor den Eisheiligen, also Mitte Mai, ins Beet setzen. Sonst kann der Setzling bei dem jährlichen Kälteeinbruch im Mai erfrieren.

Wartet man den richtigen Zeitpunkt ab, wird man meistens mit schnellerem Wachstum belohnt.

WIE PFLEGE ICH MEINE PFLANZEN?

Pflanzen brauchen ein gewisses Maß an Pflege – besonders, wenn sie im Gefäß wachsen. Denn dort sind nur eine begrenzte Anzahl an Nährstoffen und Wasser verfügbar, die Sie als urbaner Gärtner immer wieder auffüllen müssen. Am wichtigsten sind Gießen und Mulchen, gefolgt von gelegentlichem Düngen. In Gefäßen spielt Jäten eine untergeordnete Rolle und «Unkraut» wie Brennnesseln kann sogar sehr hilfreich sein, solange es das Gemüse nicht bedrängt.

Bewässerung

Je kleiner der Topf, desto häufiger muss gegossen werden. Bei Balkonkisten, kleinen Pflanzsäcken und Tontöpfen gießt man im Sommer ein- bis zweimal täglich, abhängig von Temperatur und Trockenheit. Im Frühling und bei regelmäßigen Regen muss teilweise nicht oder nur ein bis zweimal pro Woche gegossen werden. Ist man unsicher, ob man gießen sollte, steckt man den Finger drei bis vier Zentimeter tief in die Erde. Ist es dort trocken, muss man gießen. Ist es noch feucht, sollte man mit dem Gießen noch warten, um Staunässe und Verfaulen der Wurzeln zu vermeiden.

Richtig gießen

Auch gießen will gelernt sein. Grundsätzlich gießt man immer in Wurzelnähe, da die Wurzeln für die Wasseraufnahme zuständig sind. Der ganze Wurzelballen sollte nass sein, damit auch alle Wurzeln Wasser bekommen. Das Gießen über Blüten und Blätter der Pflanze sollte wenn möglich vermieden werden. Denn nasse Blätter begünstigen Pilzerkrankungen.

Am besten gießt man morgens und/oder abends. Dann kann das Wasser optimal aufgenommen werden. Über die Mittagszeit kann die Pflanze das Wasser nur sehr begrenzt aufnehmen.

Das Wasser sollte nicht eiskalt sein. Am besten hat man immer eine gefüllte Gießkanne am Balkon. So ist das Wasser an die Außentemperatur angepasst.

Steht ein Urlaub an oder hat man wenig Zeit oder Lust, um zu gießen, kann man auf Bewässerungssysteme zurückgreifen. Leere PET-Flaschen können mit Wasser befüllt einen Wasserspeicher für einige Tage bilden. Hierfür verwendet man entweder einen Schraubaufsatz aus Ton, zum Beispiel von Blumat, der das Wasser langsam an die Pflanze abgibt. Oder man gibt einige kleine Steine in die Flasche und steckt sie so ohne Verschluss oder mit kleinen Löchern im Verschluss kopfüber und leicht schräg in das Pflanzgefäß.

Hat man einen Wasseranschluss in der Nähe der Gefäße, kann man handelsübliche Tröpfchenbewässerungssysteme verwenden, die sich sogar mit Bewässerungscomputern automatisch steuern lassen.

Wer Platz hat, sammelt das Regenwasser in Tonnen und verwendet dies zum manuellen Gießen oder schließt ein solarbetriebenes Pump- und Bewässerungssystem an.

Sehr trockene Erde wieder befeuchten

Ist die Erde stark ausgetrocknet, kann sie nur sehr schwer Wasser aufnehmen.

Es empfiehlt sich, die Erde in mehreren Schritten zu gießen und immer zu warten, bis das Wasser vollständig einzieht. So kann die Erde mit der Zeit das Wasser wieder gut aufnehmen und speichern.

Düngen

Pflanzen brauchen eine Reihe an Nährstoffen, um zu wachsen. Diese müssen immer wieder aufgefrischt bzw. nachgefüllt werden – aber mit Bedacht. Übermäßiges Düngen schadet mehr als es nutzt, und vor allem südländische Kräuter, die karge Böden lieben, sollen nur sehr vorsichtig gedüngt werden.

Wenn möglich düngt man seinen eigenen urbanen Garten biologisch und verzichtet auf mineralisch-chemische Dünger.
Das Bild rechts zeigt einen Überblick:

1 Gartenkalk, **2** Kompost, **3** Kaffeesatz, **4** biologischer Dünger aus dem Gartencenter, **5** Hornspäne und **6** Brennesseljauche

Kompost

Bei schwach- bis mittelzehrenden Pflanzen wie Salaten oder Radieschen reicht es, wenn man einmal im Frühjahr und einmal im Herbst Kompost der Erde beimischt. Pro Quadratmeter rechnet man drei bis fünf Liter Kompost. In einem Pflanzgefäß sind dies wenige Handvoll. Den Kompost arbeitet man oberflächlich in die Erde ein. Wichtig zu wissen ist, dass nur ein geringer Teil des Kompostes als Dünger sofort für die Pflanzen verfügbar ist. Kompost ist daher ein Langzeitdünger. Mikroorganismen müssen die Nährstoffe verfügbar machen. Da diese in gekaufter Erde nur begrenzt vorhanden sind, sollten Sie dem Erdsubstrat ein Drittel Landerde beimischen.

Kompost ist in Gartencentern oder in lokalen Kompostierwerken erhältlich. Wer Platz hat, kann auch seinen eigenen Kompost anlegen.

Wurmkompost

Eine spezielle Art des Kompostes ist der Wurmkompost *(siehe Bild auf der rechten Seite oben)*, der sich besonders für Küchenabfälle eignet. Hier wird der Grünabfall von Kompostwürmern teilweise gefressen, teilweise zusammen mit Mikroorganismen zersetzt. Durch die Ausscheidungen der Kompostwürmer entsteht so Wurmhumus, ein bio-organischer Dünger mit hohem Nährstoffgehalt. Wurmkisten können gekauft oder selbst gebastelt werden.

Pflanzenjauchen

Selbsthergestellte Pflanzenjauchen sind flüssige organische Dünger. Sie werden teilweise auch als biologische Spritzmittel gegen Schädlinge und Krankheiten verwendet: Brennnesseljauche ist ein beliebter Stickstoffdünger und Beinwelljauche ist reich an Stickstoff und Kalium. Die Jauchen kann man selbst von frischen oder getrockneten Pflanzen ansetzen und auch für Zierpflanzen verwenden. *(siehe Anleitung Pflanzenjauche selbst gemacht, Seiten 116/117)*. Stark zehrende Pflanzen sollten Sie einmal pro Monat mit der Pflanzenjauche düngen.

Kaffeesatz
Ein weiterer biologischer Dünger ist Kaffeesatz. Reich an Stickstoffen, Phosphor und Kalium kann er teelöffelweise in die Erde von Töpfen eingearbeitet werden. Wichtig ist, dass der Kaffeesatz zuerst ganz trocken ist, sonst beginnt er leicht zu schimmeln. Da Kaffeesatz sauer ist, wird er am besten mit Tonerde gemischt und in Maßen angewendet. Sonst übersäuert die Erde.

Holzasche
Holzasche ist reich an Kalium, wird gerne für Gemüsesorten wie Karotten zur Düngung verwendet und hält Pilzkrankheiten ab. Hat man einen offenen Kamin, kann man diese Holzasche verwenden.

Biologische Dünger kaufen
Biologische Dünger sind auch in Gartencentern erhältlich – entweder in flüssiger oder in trockener Form. Hier sollten Sie unbedingt die Mengenangaben auf dem Produkt beachten und im Zweifelsfall lieber weniger geben, um eine Überdüngung zu vermeiden. Diese Dünger können eine gute Ergänzung zum Kompost sein, da sie meist sofort verfügbare Nährstoffe bereitstellen.

Gründüngung
Eine besondere Form der Düngung ist die Gründüngung. Hierzu sät man Gründüngungspflanzen wie Phacelia *(siehe Bild rechts unten)*, Senf oder Spinat aus. Nach dem Abblühen schneidet man sie und hebt sie unter die Erde. So wird die Erde gelockert und mit Stickstoff angereichert. Bei der Gründüngung sollte man im Hinterkopf behalten, was als Nächstes im urbanen Beet oder Gefäß angebaut wird. Nach Senfsaaten sollte beispielsweise kein Kohl angepflanzt werden. Bio-Samenhersteller bieten ein reiches Sortiment an Gründüngungsmischungen an.

Nährstoffe im Überblick

Primäre Nährstoffe

Stickstoff (N)	ist wichtig für die Blattmasse. Fehlt Stickstoff, wächst die Pflanze kümmerlich und die Blätter werden gelblich und sehen fahl aus. Zu viel Stickstoff kann die Bildung von Blüten und Früchten hemmen.
Phosphor (P)	ist verantwortlich für starke Wurzeln und die Bildung und die Ausreifung von Blüten und Früchten. Fehlt Phosphor, verfärben sich die Blattunterseiten leicht rötlich.
Kalium (K)	ist der Hauptregulator des Wasserhaushaltes. Kalium lässt die Pflanzen robuster werden und so Stresssituationen wie Trockenheit oder Frost besser standhalten. Pflanzen mit Kaliummangel sind anfälliger für Krankheiten und erleiden schneller Wassermangel.

Sekundäre Nährstoffe

Kalzium	neutralisiert Säuren und stärkt die Stabilität der Zellen und Zellwände.
Magnesium	ist zentraler Baustein des Chlorophylls. Fehlt er, treten die Blattadern an den Blättern hervor.
Eisen	ist wichtig für die Bildung von Chlorophyll. Zu wenig Eisen führt zu gelben Blättern.

Mulchen

Unter Mulchen versteht man das Abdecken der Erde – vor allem mit organischen Materialien. Dies hat den Vorteil, dass die Bodenwärme länger gespeichert wird, die Erde weniger schnell austrocknet und auch Unkraut und Schädlinge schlechteren Zugang zur Erde erhalten. Auch Schadstoffe werden durch eine Mulchschicht von der Erde ferngehalten, und da die Früchte nicht direkt auf der Erde liegen, kann sauberer und einfacher geerntet werden.

Als Mulch für Nutzgärten eignen sich besonders gut frischer Grasschnitt (**1**) oder geschnittenes Schilf (**2**), das auch im Gartencenter erhältlich ist. Weiter können Stroh und Heu oder auch Papierschnipsel verwendet werden. Der allseits beliebte Rindenmulch, der für Zierpflanzen verwendet wird, ist für Gemüsebeete zu sauer.

Gesunde Blätter von abgeernteten Früchten können auch als Mulch auf die Erde gelegt werden. Tomaten lieben es zum Beispiel, wenn ihre Blätter ihnen zu Füßen liegen. Unkraut kann an heißen Tagen auch kleingeschnitten als Mulch dienen. Wichtig ist, dass die Wurzeln in die Höhe ragen und zerschnitten sind.

Bodenverbesserung aus dem Gartencenter

In Gartencentern findet man neben Düngern noch unterschiedliche Bodenverbesserungs- und Gartenhilfsmittel.

Hornspäne	sind kleingeschnittene Tierhörner – ein beliebter Stickstoff- und Phosphordünger, der im Frühjahr in den Boden eingearbeitet wird. Hornspäne eignen sich nicht für kleine Töpfe und Gefäße, sondern nur für größere urbane Beete, da sie nur sehr langsam im Boden umgesetzt werden.
Gartenkalk	fördert die Knollenbildung und ist für knollenbildendes Gemüse wie Fenchel und Kohlrabi geeignet.
Sand	wird bei sehr schweren lehmigen Böden in die Erde gemischt, um diese aufzulockern und mehr Luft in den Boden zu bringen.
Urgesteinsmehl	hilft dem Boden, Nährstoffe und Wasser länger zu halten, und gibt ganz langsam seine mineralischen Nährstoffe an die Erde ab. Als Zugabe im Kompost oder bei Pflanzjauchen werden unangenehme Gerüche gebunden.

Generelle Pflegearbeiten im urbanen Garten

Neben Gießen, Düngen und Mulchen fallen im urbanen Garten weitere regelmäßige Pflegearbeiten an:

Erde auflockern: Damit weniger Wasser an der Oberfläche verdunstet und die Erde im Gefäßlocker bleibt, raut man zumindest monatlich mit einer kleinen Hacke oder einer alten Gabel die Erde leicht auf.

Ausdünnen: Zu dicht gesäte Pflanzen müssen ausgedünnt werden, wenn sie drei bis vier «richtige» Blätter haben. Nur so wachsen sie weiter und können Früchte bilden. Die entfernten Keimlinge kann man entweder als Mulch auf der Erde liegen lassen oder bei Pflanzen wie Rote Beete oder Mangold als Salat genießen.

Ausgeizen: Bei Tomaten muss man regelmäßig die Achseltriebe entfernen *(siehe Bild unten in der Mitte)*. Sind sie gesund, lässt man sie am Topf liegen.

Anbinden & stützen: Rankende und hochwachsende Pflanzen wie Bohnen, Erbsen, Tomaten und Gurken muss man durch Holzstangen oder Rankgerüste stützen und sie bei Bedarf dort anbinden. Gurken und Bohnen können auch durch gespannte Schnüre geleitet werden. Metallstangen und -geländer sind häufig zu rutschig und zu heiß für die Pflanzen und sollten nicht als Rankhilfen verwendet werden.

Abdecken als Schutz: Setzlinge sollten Sie vor starker Sonneneinstrahlung, starkem Regen oder Vögeln mit einem Pflanzvlies schützen. Als Regenschutz kann auch eine abgeschnittene PET-Flasche dienen.

Überwintern

Mehrjährige Kräuter und Pflanzen können auch im urbanen Garten überwintert werden. Idealerweise nehmen Sie die Gefäße von der Balkonbrüstung und stellen Sie näher an die Hauswand. Dort ist es in der Regel wärmer. Ist dies nicht möglich, können die Gefäße mit dickem Vlies (**1**), Jute (**2**) oder Luftpolsterfolie (**3**) eingepackt werden. Man kann Pflanzen auch mit Tannenzweigen (**4**) abdecken.

Bei sehr großen Gefäßen ist ein Abdecken oft nicht möglich. Hier ist es wichtig, dass der Boden mit Mulch bedeckt ist. Kräuter können Sie zum Beispiel vor dem Wintereinbruch noch einmal schneiden und als Mulch auf der Erde ausbreiten.

Bei ungedeckten Balkonen sollten Sie nur bei sehr trockenen Wintern etwas gießen. Bei gedeckten Gärten sollten Sie alle drei Wochen etwas Wasser geben.

Kräuter und Chilipflanzen können im Winter auch drinnen, an einem hellen, nicht zu warmen Ort überwintern, beispielsweise in einem Treppenhaus. Die Luftfeuchtigkeit muss aber hoch gehalten werden. Am besten stellen Sie große Schüsseln mit Wasser neben die Pflanzen oder verwenden einen Luftbefeuchter.

Tontöpfe können springen, wenn Wasser im Topf oder Untersetzer steht und friert, da sich das Wasser als Eis ausdehnt. Die beste Isolation für die Pflanzen im Winter ist übrigens der Schnee.

Nützling, Schädling, Krankheiten

Zum urbanen Gärtnern gehören Nützlinge, Schädlinge und Krankheiten dazu wie die Butter aufs Brot. Schließlich ist auch ein Garten im Gefäß ein Stück Natur.

Generell halten sich Schädlinge von stark riechenden Pflanzen wie Knoblauch, Zwiebel oder Lavendel meist fern. Wer spritzen möchte, sollte auf biologische Mittel zurückgreifen oder mit Nützlingen arbeiten. Diese können mittlerweile auch bestellt werden.

Nützlinge

	Beschreibung
Marienkäfer	ernähren sich von Blattläusen und Spinnmilben und sind so ein gerne gesehener Gast im Garten.
Regenwürmer	lockern den Boden auf und bilden durch ihre Ausscheidungen Humus. Sie sind vor allem in Beeten anzutreffen, weniger in Topfgärten.
Bienen	sind für die Bestäubung vieler Obst- und Fruchtpflanzen verantwortlich, wie Tomaten, Paprika und Gurken. In den letzten Jahren wurde jedoch ein rasantes Bienensterben beobachtet. Immer mehr Projekte siedeln daher Bienenstöcke wieder in den Städten an, um die Biodiversität zu fördern und leckeren Stadthonig zu produzieren. Um Bienen und andere Insekten in den urbanen Garten zu locken, können sogenannte Insektenhotels gebaut und spezielle Blumenmischungen für Insekten angepflanzt werden.

Schädlinge & Krankheiten

	Beschreibung	*Was tun?*
Blattläuse (1)	Ob grün, schwarz oder rot – Blattläuse sind sehr oft im Nutzgarten zu finden. Durch ihr Saugen können Krankheiten übertragen werden.	Blattläuse abstreifen mit einen harten Wasserstrahl abwaschen Brennnesseljauche spritzen Pflanze mit Urgesteinsmehl bestäuben, Läuse sterben ab mit Tabaksud bespritzen auf Nützlinge warten
Schnecken (2)	Sie sind der wohl am meisten verbreitete Schädling im Garten und fressen über Nacht Salate, Blätter und Setzlinge ab.	am Morgen einsammeln; ein umgedrehter Topf zieht sie an Eierschalen oder grobes Material auslegen Schneckenzaun verwenden Marmeladeglas mit Bier füllen und in die Erde drücken; Schnecken ertrinken

1

2

	Beschreibung	*Was tun?*
Ameisen	Einzelne Ameisen stören nicht, ganze Ameisenstämme sind oft für starke Blattlausbefälle verantwortlich. Sie melken die Läuse und ernähren sich vom süßen Nektar. Daher halten sie ganze Lausfarmen.	Zimt und Nelken auslegen bzw. ausstreuen
Spinnmilben (3)	Sie sind mit bloßem Auge nicht sichtbar und saugen an der Unterseite der Blätter. Mit der Zeit sterben die Blätter ab und man sieht einzelne Spinnweben an der Pflanze.	Pflanze unter die Dusche stellen, mit viel Wasser abduschen und die Unterseite der Blätter nicht vergessen Raubmilben kaufen und ausbringen
Kohlweißlinge, Möhrenfliege, Kartoffelkäfer	Schmetterlinge wie Kohlweißlinge, Möhrenfliegen und Kartoffelkäfer legen die Eier ihrer Raupen auf die Unterseite der Pflanzenblätter. Ihre Raupen fressen Pflanzen und Früchte.	Blattunterseiten auf Eier und Larven untersuchen Insektennetz über die Pflanzen spannen
Echter Mehltau	Es erscheint ein dicker weißer Belag auf der Blattoberseite, der wie Mehl stäubt. Das ist aber mehr ein kosmetisches Problem.	befallene Blätter abschneiden verdünnte Milch im Verhältnis 1:9 sprühen drei Packungen Backpulver mit 5 EL Wasser und 3 EL Rapsöl vermischen und versprühen
Krautfäule (4)	Die Pilzkrankheit tritt vor allem bei Tomaten und Kartoffeln auf. Die Blattspitzen haben graugrüne Flecken. Dann werden die Blätter braunschwarz und verfaulen. Die Früchte haben braune Flecken.	Tomaten nie neben Kartoffeln pflanzen Tomaten unter Dach stellen und nur von unten gießen vorbeugend mit Schachtelhalmtee und Zwiebelschalensud spritzen (20 Gramm Zwiebelschalen in einem Liter kaltem Wasser einweichen)
Blütenendfäule	Durch Trockenheit oder Kalziummangel entsteht ein dunkler Fleck an der Unterseite der Tomate.	immer gut gießen mit Gartenkalk düngen oder Eierschalen auslegen

Von Lust & Frust

Die ersten Radieschen der Saison oder die Sonnenblume, die endlich blüht: Urbanes Gärtnern macht glücklich und tut der Seele gut.

Doch neben der Freude gibt es meistens viele Frustmomente. Der Chili, der nach dem Urlaub verdorrt ist, das Salatbeet, das die Schnecken zerstört haben, oder ein Hagelsturm.

Dies alles gehört zum Gärtnern dazu. Die Devise lautet: «Nicht aufgeben und es mit Humor nehmen!». Schließlich ist urbanes Gärtnern kein Leistungssport.

WAS MUSS ICH BEIM ERNTEN BEACHTEN?

Nach einigen Wochen oder sogar Monaten ist es dann so weit: Sie können endlich ernten! Auch hier ist etwas Geduld gefragt, um den richtigen Zeitpunkt für die Ernte abzuwarten.

Zahlt es sich bei Tomaten und Paprika aus zu warten, bis diese richtig reif sind und sich bei Berührung fast vom Stielansatz lösen, sollte man Kohlrabi, Radieschen und Zucchini lieber kleiner ernten. Dann ist der Geschmack am besten und sie sind noch nicht hölzern. Erdbeeren haben am Morgen ein besseres Aroma als in der Mittagshitze.

Blattgemüse wie Salate schneidet man am Strunk ab oder man bricht einzelne Blätter wie beim bunten Krautstiel ab. Die meisten Küchenkräuter wie Schnittlauch, Petersilie, Oregano, Minze und Thymian können problemlos einige Zentimeter über den Boden geschnitten werden, dies regt den Wuchs an.

Knoblauch, Zwiebel und Kartoffeln erntet man, wenn die Blätter gelblich vertrocknet sind. Zwiebel und Knoblauch lässt man dann trocknen und flechtet mit dem Laub zusammen schöne Zöpfe.

Die letzten Tomaten im Oktober können auch grün geerntet werden. Neben Äpfeln gelagert, reifen Tomaten schnell nach, da Äpfel das Reifegas Etylen abgeben.

Frisch geschnittene Kräuter, die getrocknet ihren Geschmack verlieren, können – in Eiswürfelbehälter eingefroren – auch den Winter über konserviert werden.

Basilikum richtig ernten

Jeder Basilikumstängel ist aus einem Samenkorn entstanden. Schneidet man den Stängel ab, wächst dieser nicht mehr nach. Zum Ernten empfiehlt es sich, immer die obersten Blätter abzunehmen. Dies fördert einen buschigen Wuchs.

Generell erntet man immer oberhalb einer Blattverzweigung. In den Blattachseln der Verzweigung werden neue Blätter gebildet. Nur so kann die Pflanze weiterwachsen.

Nach der Ernte ist vor der Ernte

Wenn der Salat geerntet und der Kohlrabi im Kochtopf ist, muss aber der urbane Garten nicht brach liegen: Wie im Gartenbeet kann auch im Pflanzgefäß immer etwas wachsen. Das erfordert allerdings eine gute Planung. Hier folgen einige Tipps dazu:

- Wenn Sie alle zwei bis drei Wochen eine neue Reihe Schnitt- oder Pflücksalat neben dem bestehenden Salat säen, geht der Salat nie aus.

- Im August und September können Sie Herbstgemüse in abgeerntete Gefäße setzen. Je nach Gefäßgröße stehen Feldsalat, Spinat, Endivien, Krachsalate, Fenchel, Federkohl, Winterrettich und Kohlrabi noch zur Auswahl. Auch Radieschen können jetzt noch mal gesät werden. Grünkohl schmeckt zum Beispiel erst nach dem ersten Frost richtig gut.

- Brachliegende Gefäße kann man mit blühenden Gründüngungen wie Phacelia absäen. So schafft man nicht nur eine wunderbare kleine Wiese für Insekten, sondern verbessert auch das Erdsubstrat.

- Wenn Sie die im Herbst frei werdenden Gefäße mit Winterzwiebeln und Knoblauch bepflanzen und mit einer Schicht Mulch abdecken, können Sie im Frühjahr ernten.

- Lassen Sie sich vom wöchentlich wechselnden Sortiment in Gartencentern und Märkten inspirieren. Dort findet man immer aktuelle Gemüsesetzlinge und kann abgeerntete Stellen schnell nachpflanzen.

- Im Frühling kann man ein Gefäß als Treibbeet benutzen (*siehe auch Gewächshäuser für jedermann Seite 138/139*) und so unter der Folie den ersten Salat und die ersten Radieschen ziehen.

Ich lasse mich inspirieren!

Es ist faszinierend, sich andere Gärten anzusehen und sich von diesen inspirieren zu lassen: Sei es ein großes Gartenprojekt in einer anderen Stadt oder der bepflanzte Balkon eines Freundes oder von Bekannten. Überall gibt es etwas zu entdecken, zu erforschen und viele Ideen zum Selbstausprobieren.

Da gibt es die großen Pionierprojekte wie den Prinzessinnengarten in Berlin, größere und kleine Gemeinschaftsgärten wie in München das «o'pflanzt is!»-Projekt oder den Brauergarten im Zürcher Langstraßenquartier. Im gesamten deutschsprachigen Raum gibt es interkulturelle Gärten zu entdecken, die sich zum Ziel gesetzt haben, Personen aus unterschiedlichen Kulturkreisen zu verbinden. Auch immer mehr Städte schaffen ihre eigenen urbanen Erlebniswelten, wie die City Farm in Schönbrunn in Wien.

Jedes Projekt und jeder privat bepflanzte Balkon hat seinen Hintergrund, seine Geschichte und seinen persönlichen Fingerabdruck. Für Sie haben wir ein buntes Potpourri aus deutschen, österreichischen und schweizerischen Projekten und Balkonen besucht, ihre Geschichte erzählt und sie so fotografiert, wie sie sind.

KRONGARTEN, WIEN

Biegt man im 5. Wiener Bezirk in die Krongasse ein, fällt einem sofort auf, dass hier etwas anders ist. Zwischen geparkten Autos und vor balkonlosen Fassaden sticht der Krongarten hervor – eine Rasenfläche auf neun Quadratmetern. Das waren einmal 8 Parkplätze, die von Juni bis September 2013 nun zum zweiten Mal begrünt wurden.

Nach langen Behördengängen gelang es dem Kunstverein Hinterland, im Juni 2012 ihre Vorstellung von innerstädtischer Freiraumnutzung umzusetzen.

Die anfängliche Idee einer Rasenfläche entwickelte sich weiter zum Nutzgarten. Da die Fläche eingefasst werden musste, wurden die als Zaun verwendeten Obstkisten kurzerhand zum Gemüsegarten umfunktioniert. Im Gegensatz zum ersten Jahr, in dem noch «Kraut und Rüben» angepflanzt wurden und ein kunterbunter Dschungel entstand, wird im zweiten Jahr genug Pflanzfläche freigelassen für alle aus der Straße, dem Quartier oder auch von weiter weg, die gerne pflanzen möchten. Salat und Honigmelonen sind ebenso zu finden wie Kräuter, Tomaten und ein Ginsterstrauch. Jeder kann kommen, jeder kann sich dazusetzen, jeder kann genießen – ganz ohne Konsumzwang.

Mit dem Krongarten ist ein Kommunikationsort entstanden, an dem sich Leute treffen, die sich sonst nicht treffen würden. Der Ort löst unerwartete Diskussionen aus – im Positiven wie im Negativen. Viele Leute bleiben stehen, lächeln, loben, geben Tipps oder legen gleich selbst Hand an. Regelmäßige Beschimpfungen und gestohlene Pflanzen sind jedoch auch an der Tagesordnung. Dennoch: Das Interesse nimmt immer weiter zu. Die temporär grünen Parkplätze gefallen und das Projekt wurde 2012 mit dem City Farmer Award ausgezeichnet.

Seit Frühling 2013 kann sich jeder ein Krongärtlein vor die Haustür stellen. Dafür muss man lediglich ein Gefäß bepflanzen, den Krongärtlein-Aufkleber darauf anbringen und sich auf der interaktiven Krongärtlein-Karte eintragen lassen. So vermehren sich nicht nur die Pflanzen, sondern auch der Gedanke der etwas anderen Freiraumnutzung und schlägt auch jenseits der Wiener Krongasse Wurzeln.

www.krongarten.at

NEULAND, KÖLN

Rote Erde, hölzerne Kisten und ganz viel Grün: Wenn man das sieht, ist man im Neuland zwischen den Kölner Stadtteilen Südstadt und Bayenthal auf einer ehemaligen verfallenen Industriebrache angekommen.

Im 2011 entstandenen Gemeinschaftsgarten sind regelmäßig zwischen 30 und 50 Personen aktiv. Hier kann jeder anschauen, zuschauen, lernen und selber machen. Der Verein versteht den Garten als eine soziokulturelle Bildungseinrichtung. Er hat sich zum Ziel gesetzt, ein besseres Verständnis von Natur und Nahrung zu vermitteln. Das gemeinsame Gemüseanbauen ist Mittel zum Zweck.

Neben dem gemeinschaftlichen Gärtnern finden Workshops und Vorträge statt. In einer gemischten Gruppe gärtnern Kindergartenkinder und Senioren Hand in Hand und Beet an Beet.

Auf rund 9000 Quadratmetern ist ein Garten entstanden, der offen für alle ist– unabhängig von Alter, Herkunft und Sprache: denn Gärtnern verbindet. Im Rahmen des Sommerblut-Festivals 2013 lud der Verein Flüchtlinge aus den Wohnheimen der Stadt Köln zum Mitgärtnern und zum Austausch ein. Eine Kooperation, die, wenn es nach dem Verein geht, über das Festival hinaus andauern soll.

Der Garten selbst hat ein ungewisses Ablaufdatum. Auf der Brache wird eines Tages Wohnraum entstehen und der Garten wird weichen müssen. Dann wird er hoffentlich weiterziehen und seine Botschaft von einem anderen Ort aus an die Bewohner Kölns transportieren können.

www.neuland-koeln.de

GRÄTZLGARTEN – GEMEINSCHAFTS-GARTEN IM ALSERGRUND, WIEN

In der Nähe vom Narrenturm auf dem alten Gelände des Allgemeinen Krankenhauses versteckt sich der Grätzlgarten: ein Gemeinschaftsgartenprojekt, das nach einjähriger Standortsuche 2012 seine erste Gartensaison durchlebte.

Im Grätzelgarten betreuen 22 Personen aus unterschiedlichen Altersgruppen 15 Beete. Hier stehen Pflanzenvielfalt und Personengruppenvielfalt an oberster Stelle. Familien mit Kindern, Senioren, Einzelpersonen und Paare können ihr Lieblingsgemüse in ihrem eigenen Beet anbauen. Und wo man auch hinsieht, es sprießt und gedeiht: Ochsenherzfleischtomaten, rote Gartenmelde, Gurken, Zucchini und Kürbis. In einem selbst gebauten Erdbeerturm verführen rote Früchte zum Genießen.

Alle zwei Monate gibt es ein gemeinsames Treffen. Sonst tauscht man sich informell bei der Pflege des eigenen Beetes aus und lernt beim Ausprobieren von neuen Sorten. Um die Beete herum gibt es einen Gemeinschaftsbereich mit Kompost und ein Gartenhäuschen. Hier kann jeder gärtnern, und es wird fleißig experimentiert.

Der Gemeinschaftsgarten hat sich zum Ziel gesetzt, einen schonenden Umgang mit der Natur zu fördern. Auch in der Stadt soll man die Natur erleben können. Dies schätzt auch Eva. Zusammen mit ihrem Freund betreut sie ein Beet im Grätzlgarten und ist schon die zweite Gartensaison mit dabei. Sie liebt es, hier die Hände in die Erde zu stecken und ist schon nach zehn Minuten Gartenarbeit total entspannt.

www.graetzlgarten9.weebly.com

GARTENDECK, HAMBURG

Mitten in der Amüsiermeile St. Pauli, neben dem Indra, wo früher die Beatles spielten, findet man das Gartendeck. Ein Ort der Stille, frei von Kommerz und blinkenden Werbetafeln, dafür voll mit leuchtend orangen Bäckerkisten, sattem Grün und summenden Bienen.

Im Jahr 2011 rief das Kulturzentrum Kampnagel für ein Theaterprojekt das Gartendeck ins Leben. Nachdem der Ort feststand, fanden sich schnell die Gärtner. Diese konnten nach einiger Bürokratie das Gelände als Verein letztlich weiterpachten.

Aus rund 700 knallorangen Bäckerkisten entstanden in den letzten Jahren schrittweise verschiedene Hochbeetzonen, jeweils benannt nach Orten, zu denen einer der Gärtner einen besonderen Bezug hat. Dazu gesellten sich mit der Zeit ein Tomatentunnel, ein vertikaler Tetrapak-Garten, drei Bienenstöcke in Bienenkisten und einer Schaubeute und eine Wurmfarm. Hier will man Wurmkompost gewinnen und den Artenschutz sowie die Völkervermehrung der Bienen fördern.

Im Gartendeck sucht man vergebens eigene Beete und Pflanzen: Es ist ein gemeinschaftliches Konzept, das bei Besuchern oft Verwirrung stiftet. Die Gartenkerngruppe besteht aus 15 Personen. Mitmachen kann jeder, und das ganz ohne Mitgliedsbeitrag. In wöchentlichen Treffen mit Gartenrundgang wird besprochen, welche Arbeiten gerade anstehen, und ein neues Fähnchensystem zeigt an, welche Kiste leer ist, welche Pflanze für die Gewinnung von Saatgut stehen bleiben soll und was geerntet werden kann. Die großen Herausforderungen des Projektes sind Logistik, Organisation und Kommunikation.

Nach getaner Gartenarbeit wird die Ernte immer mittwochabends gemeinsam im Garten verkocht. Jetzt wird entspannt, genossen und über die Zukunft des Gartendecks philosophiert. Der Wunsch des Gartendeckteams ist klar: «Hier bleiben, so lange wie möglich.»

www.gartendeck.de

NEUGARTEN, LUZERN

Nach dem Bau des neuen Luzerner Hallenbades wurde das alte Gebäude zur Zwischennutzung ausgeschrieben. So entstanden im Jahr 2013 Ateliers, Raum für Veranstaltungen und Gastronomie sowie ein Urban-Gardening-Projekt.

Seit März 2013 wird nun das graue Hallenbad mit frischem Gemüse neu belebt. Kann auf den unteren Flächen direkt in die Erde gepflanzt werden, werden auf der Sonnenterrasse, dem Kernstück des Projekts, weiße Säcke, schwarze Kübel und selbst gebaute Holzbeete für den Gemüseanbau genutzt.

Hier strahlen Kohl, Zuckermais, Tomaten, Kürbis, Zucchini und Krautstiel um die Wette. Die Tomaten versprechen eine ausgiebige Ernte, ebenso wie Rote Beete, Rucola und Pflücksalat.

Eine Kerngruppe von 15 Personen betreut den Neugarten jeweils dienstags, davon drei «Weise», wie die Initianten des Gartens sie nennen, die ihr reichhaltiges Wissen in das Projekt einfließen lassen.

Das Projekt soll vor allem Aufklärungscharakter haben, Wissen vermitteln und einen Ort zum Selbstgärtnern bieten.

http://neubad.org/neugarten, neugarten@neubad.org, www.facebook.com/neugartenluzern

GARTEN

TIFU PERMAKULTURGARTEN, HAMBURG

Mitten im Altonaer Volkspark – zwischen Schrebergärten, gestylten Parkhecken und Zierpflanzenbeeten – findet man das kunterbunte Gemüse- und Blumenmeer des TIFU Permakulturgartens (Tutenberg Institut für Umweltgestaltung e. V.). Nachbarschaftsbeete, gemeinschaftliches Mandalabeet, Waldgarten und Wildblumenwiese gliedern das Gartenareal in unterschiedliche Zonen.

Von den 90 Vereinsmitgliedern ist etwa die Hälfte aktiv. In den Nachbarschaftsgärten betreuen 25 Personen jeweils Beete von 6 bis 24 Quadratmetern.

Permakultur ist der Gestaltungsansatz, der alle verbindet. Auf Fungi-, Pesti-, Herbizide und Kunstdünger wird bewusst verzichtet. Die Zielsetzung ist es, dauerhaft Humus aufzubauen und stabile Kreisläufe im Garten zu etablieren – mit Fülle und Vielfalt.

In verschiedenen Beuten und Bienenkisten wird Hamburger-Volkspark-Honig von mehreren Bienenvölkern produziert. Die Wildblumenwiese im hinteren Bereich des Gartens ist gerade in ihrer weißen Phase und wechselt alle zwei Wochen ihre Farbe.

www.umweltgestaltung.org

SEEDCITY, ZÜRICH

In einem Ecoworks Workshop der ETH Zürich zum Thema nachhaltige Campusgestaltung geboren, startete SeedCity im Frühjahr 2011.

Der SeedCity-Garten ist nach Permakultur-Grundsätzen gestaltet – sei es bei den Formen der Beete, der symbiotischen Bepflanzung oder bei der gesellschaftlichen Organisation. Der Boden soll permanent ertragsfähig gehalten werden, und das mit Dingen, die man im Garten hat: Kompost, Mulch und Insekten.

Eigene Beete gibt es keine, und niemand hat die Pflegeverantwortung für ein bestimmtes Beet. Drei erfahrene Gärtner geben abwechselnd Anleitung, welche Arbeiten anfallen und was gesät und gepflanzt werden sollte. In einem Gartentagebuch wird alles dokumentiert. Zweimal pro Woche gibt es sogenannte Aktivitätstage für die Mitglieder, aber auch an den anderen Tagen steht ihnen der Garten offen.

Jedes Mitglied kann für seinen Bedarf ernten. Regeln, wie viel jeder nehmen darf, gibt es nicht. Meistens muss im Sommer eher Gemüse verschenkt werden – wenn die meisten Mitglieder im Urlaub sind.

Versteht man als Unwissender zuerst nicht, welche Funktion die Baumstücke, die im Garten verteilt sind, haben, wird nach etwas Erklärung klar, dass hier im Herbst Austernseitlinge und Stockschwämmchen wachsen. In zwei Workshops wurde das Holz geimpft, damit drei bis sechs Jahre lang Pilze wachsen.

So trägt auch der Pilzgarten zum übergeordneten Ziel des Gartens bei: Es soll Wissen vermittelt und Pflanzenvielfalt erhalten werden. Und mit dem Selbergärtnern steigt auch die Wertschätzung für Nahrungsmittel im Allgemeinen, da man weiß, wie viel Arbeit dahinter steckt.

www.seedcity.ethz.ch

Zum Garten
To the garden

PERMAKULTUR AM BALKON, WIEBKE

Trotz ihrer Liebe zu Heilpflanzen begann Wiebke erst relativ spät mit dem Gärtnern. Anfangs hat sie nur einige Gefäße am Balkon bepflanzt, heute teilt sie sich mit einer Freundin neben dem Balkongarten auch einen Schrebergarten fünf Gehminuten von der Wohnung entfernt. Sowohl Schrebergarten als auch Balkon hat Wiebke nach den Grundlagen der Permakultur gestaltet. Beides soll so naturbelassen wie möglich aussehen, wachsen und sich versamen dürfen. Auch Gießstress kennt sie nicht. Es soll ein entspanntes Gärtnern sein.

Auf ihrem Balkon wachsen allerlei sich selbst versamende Pflanzen: Klee neben Schnittlauch, Kapuzinerkresse, Nachtkerze und Heilkräuter gemischt mit Rucola. Auch Kefen und Erdbeeren findet man hier und ein kleines Pfirsichbäumchen. Die Gefäße sind gemulcht und, wo es ging, unterpflanzt, damit der Boden überall gedeckt ist und weniger stark austrocknet. Denn ein südseitiger Balkon wird sehr heiß.

Kapuzinerkresseblüten, Kleeblüten und auch die Knospen der Nachtkerzen schmecken vorzüglich im Salat. Stiefmütterchen werden mit Wasser zu blühenden Eiswürfeln verarbeitet. Und aus den Johannisbeerstecklingen, so hofft Wiebke, wird irgendwann ein Strauch mit schönen roten Früchten.

Wiebkes Tipp für Heukartoffeln am Balkon auf Seite 113.

HOTEL DANIEL, WIEN

Nur wenige Meter von der Straßenbahnhaltestelle Fasangasse, hinter dem stark befahrenen Landstraße-Gürtel in Wien, blitzen die Blüten von Tomatenpflanzen hinter einer Hecke hervor. Man ist im urbanen Garten des Hotels Daniel angekommen. So wie das Hotel sich stetig ändert und Altbewährtes mit Neuem kombiniert, ändert sich auch der Garten Jahr für Jahr aufs Neue. Braune Bäckerkisten wurden zu Hochbeeten umfunktioniert, die dem Garten einen mobilen Touch verleihen. Eine etwas andere grüne Hoteleinfahrt lädt den Gast sofort zum Verweilen ein.

Hört man genau hin, mag man das Summen der hoteleigenen Bienenstöcke erkennen. Diese sind seit Frühjahr 2012 auf dem Hoteldach beheimatet. Der nahe gelegene Schlosspark Belvedere, der Botanische Garten und der Schweizer Garten bieten den Bienen ausreichend Nahrung. Das brauchen sie auch. Für ein einziges Glas Honig müssen in 40 000 Flügen rund sieben Millionen Blüten besucht werden. Der am Dach gewonnene naturreine Honig wird als erster europäischer Honig der amerikanischen Marke Bee Local vertrieben und kommt beim Frühstück natürlich auf den Tisch.

www.hoteldaniel.com

TOILETTEN

FRAU GEROLDS GARTEN, ZÜRICH

Mittendrin, im Getümmel zwischen Prime Tower und Bahnhof Hardbrücke, lädt Frau Gercld auf schwarzen Kreidetafeln zum Verweilen und Dasein ein. Frau Gerolds Garten hat viele Facetten. Aus alten Schiffscontainern wurde ein Gartenrestaurant geschaffen, in schwarzen Baucontainern laden Designshops zum Einkaufen ein und überall, wo man hinblickt, wachsen Gemüse, Kräuter und Blumen in Palettenkisten, Töpfen, Weinfässern und sogar im Einkaufswagen.

Der größte Teil des Gartens ist am Südende angesiedelt. Einige Kisten sind vermietet, den Rest betreuen zwei junge Gärtner. Das Restaurant deckt rund fünf Prozent seines Gemüsebedarfs durch den eigenen Garten und zaubert daraus leckere Menüs.

Auf dem Gartenareal ist immer was los. Hier treffen sich Studenten für Gruppenarbeiten, Kinder juchzen auf der bunten Schaukel und die Banker von gegenüber diskutieren beim Mittagessen. Das Ziel des Projektes, einen Begegnungsort zu schaffen, ist gelungen.

Es ist ein friedliches Miteinander auf 2500 Quadratmetern – vom Vormittagskaffee bis spät in die Nacht hinein – inmitten von Zuckermais, pinken Krautstielen und gelb leuchtenden Sonnenblumen.

www.fraugerold.ch

DIE ERNTESTATION, VEG AND THE CITY, ZÜRICH

Ganz vorne im Frau Gerolds Garten rechts versteckt sie sich: die Erntestation des Jungunternehmens VEG and the City. Sie ist eine von fünf Stationen, die zurzeit in Zürich und Rothrist in Betrieb sind.

Ein hölzernes urbanes Gewächshaus, ein neues urbanes Möbelstück, mit 5,7 Quadratmetern, auf denen vertikal 192 Pflanzen wachsen. Regenwassersammlung und eine solarbetriebene Pumpe betreiben ein Bewässerungssystem.

Ernten am Standort im Frau Gerolds Garten sogenannte Testernter einmal wöchentlich Gemüse und frische Kräuter, werden drei weitere Erntestationen von der Kantine eines amerikanischen Großunternehmens betreut. Hier werden Rucola und Salat zur Bewusstseinsbildung lokal produziert und mit der aus der Erntestation gepflückten Pfefferminze frischer Tee gebrüht.

In einer Kantine, die täglich 25 Kilogramm Tomaten benötigt, sind die kleinen Gewächshäuser nur ein Tropfen auf den heißen Stein. Der Bildungsaspekt steht im Vordergrund. So werden dort auch regelmäßig Workshops rund um das Thema urbanes Gärtnern abgehalten.

Für die Erntestationen ist dieses erste Jahr ein Testjahr und Grundlage, um das System zu verbessern. Das Konzept und Design der Erntestation gefällt, und das Start-up wurde sogar schon nach San Francisco an die Cities-Alive-Konferenz eingeladen.

Die grüne Reise von VEG and the City geht so mit großen Schritten voran. Im nächsten Jahr soll der Webshop erweitert und durch ein lokales Ladenlokal ergänzt werden. Das Kursprogramm wird auf die gesamte Schweiz ausgedehnt, und der erste VEG and the City Garten wird im Frühjahr 2014 in Zürich Affoltern seine Türen öffnen.

www.VEGandtheCity.ch , www.erntestation.ch

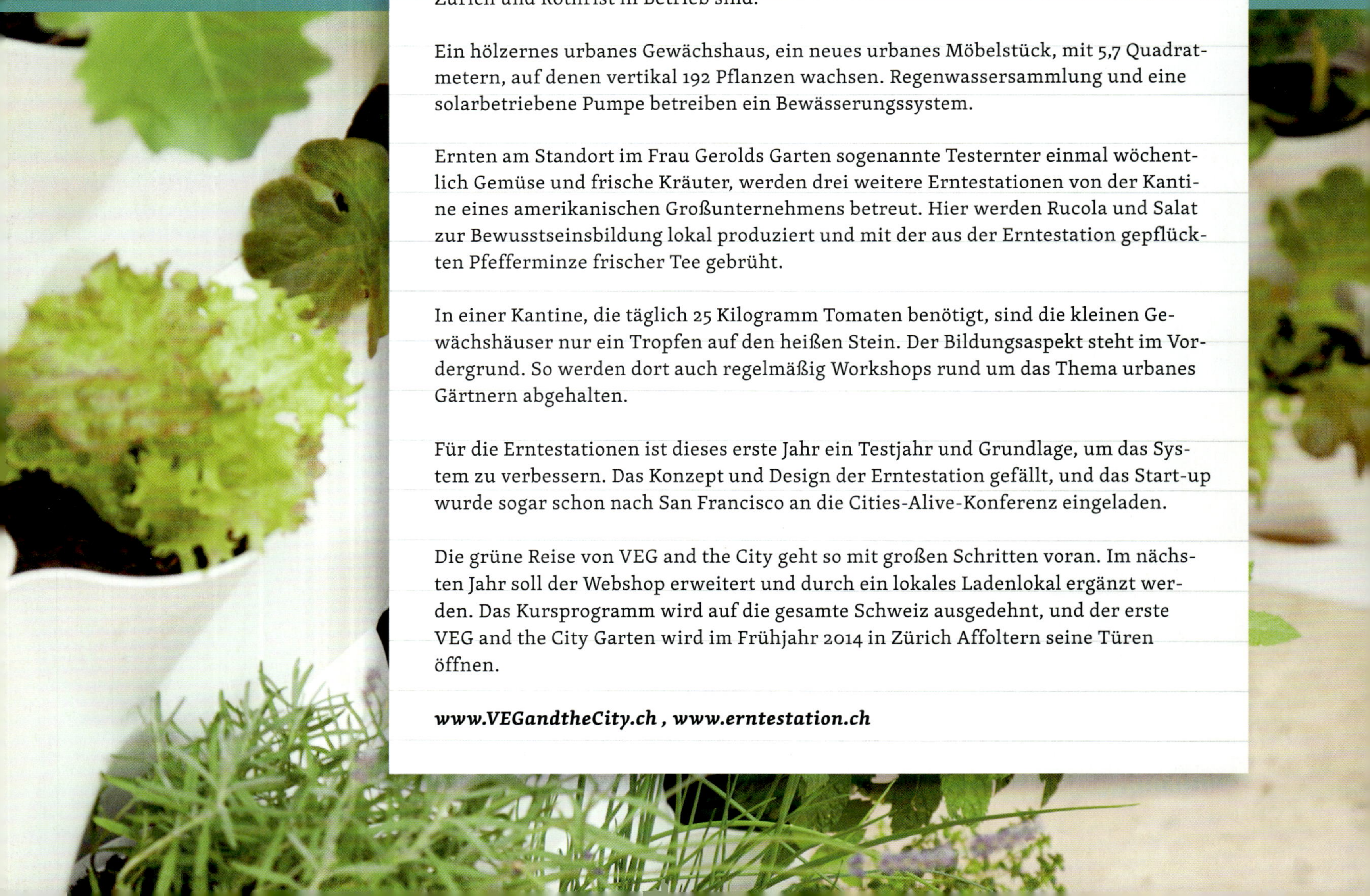

WINDOW FARMS, SCHREBERMEISTER, WIEN

Inspiriert durch die Window-Farming-Bewegung aus den USA, brachte Cezar Neaga Ende 2011 das Konzept nach Österreich und gründete Schrebermeister.

Das Ziel von Schrebermeister ist es, durch die lokale Produktion von Window Farms – hydroponische Innengärten aus Recyclingmaterial – sinnvolle und faire Arbeitsplätze für Migranten und frühe Schulabgänger zu schaffen: Und das mit einem optisch ansprechenden Produkt, mit dem jeder in der eigenen Wohnung möglichst einfach Kräuter und Blattgemüse anpflanzen kann.

Die Window Farm besteht aus vertikal angeordneten recycelten PET-Flaschen, in denen Pflanzen in Netztöpfchen gezogen werden. In der untersten Flasche ist das Wasserreservoir, das an eine Luftpumpe angeschlossen ist. Durch eine Zeitschaltuhr geregelt, schaltet sich die Pumpe tagsüber alle zwei Stunden ein und pumpt Wasser aus dem Reservoir in die oberste Flasche. Von dort sucht das Wasser seinen Weg durch die Pflanzen von Flasche zu Flasche wieder nach unten ins Wasserreservoir.

So verbleiben 80 Prozent des Wassers im System und die Nährstoffe bleiben zum Großteil erhalten. Das Wasserreservoir wird alle sieben bis zehn Tage aufgefüllt. Gelegentlich kommt Dünger für die Hydrokulturen dazu.

www.schrebermeister.eu, www.facebook.com/SchreberMeister, Window Farm USA: www.windowfarms.org

UF001 LOKDEPOT, URBAN FARMERS, BASEL

Inmitten eines Industriequartiers eröffneten die Urban Farmers im Frühjahr 2013 die weltweit erste aquaponische Dachfarm. Auf dem Dach eines Rangierlokdepots in Basel wachsen als Pilotprojekt Gemüse und Fische in Symbiose.

Im 250 Quadratmeter großen Gewächshaus befinden sich drei Fischbecken und das Gemüse wächst auf Blöcken aus Steinwolle. Wärme, pH-Werte und Nährstoffkonzentrationen werden zum großen Teil automatisch gesteuert. Die Farm selbst benötigt nur 150 Stellenprozente.

Die in den Becken schwimmenden Tilapia-Fische, bis zu 35 Kilogramm pro Kubikmeter, müssen regelmäßig gefüttert werden. Ihre Ammoniumausscheidungen werden durch Bakterien in Nitrat umgewandelt, einen perfekten Dünger für das Gemüse. Das Gemüse nimmt das Nitrat aus dem Wasser auf und reinigt es. Das Wasser fließt letztlich wieder zu den Fischen zurück und verbleibt so im System.

Im Basler Testbetrieb werden rund fünf Tonnen Gemüse und 850 Kilogramm Fische pro Jahr produziert. Die Ernte wird wöchentlich per E-Bike zu lokalen Restaurants und einem Supermarkt geliefert.

Im Geschmack steht das produzierte Gemüse dem in der Erde gezogenen um nichts nach. Und auch die oft gestellte Frage, ob die Tomaten einen leichten Fischgeschmack haben, kann klar verneint werden.

http://urbanfarmers.com/

ROMANTISCHE WOHLFÜHL-ATMOSPHÄRE IN ROSA-ROT, LAURA

Die junge Landschaftsarchitektin Laura hat das Gärtnern quasi in die Wiege gelegt bekommen. Sowohl ihre Großeltern als auch ihre Eltern betreuten einen Schrebergarten. Im Studium beschäftigte sich Laura mit urbanen Kleingärten und veröffentlichte ihre Erkenntnisse als Buch.

Mit dem Ziel, ihren Balkon mit Nutz- und Zierpflanzen optisch zu verschönern und neue Blumen- und Gemüsesorten auszuprobieren, hat sie sich eine kleine Wohlfühloase vor der Wohnzimmertür geschaffen – und das auf einem südseitigen, sehr heißen Balkon.

Eine möglichst große Ernte oder sogar Selbstversorgung strebt Laura nicht an. Drei unterschiedliche Bohnensorten ranken sich an dicken Ästen empor. Schaftzwiebel, Erbsen, Kohlrabi und auch eine Tomate reihen sich Topf an Topf. Roter Lein, rosa Mohn, Stockrosen und Wicken verleihen dem Balkon einen wunderbaren romantischen und leichten Touch. Am Nordbalkon neben der Küche wächst noch Farn und eine Kartoffelpflanze erobert fast den gesamten Balkonboden.

Von den Ergebnissen des ersten Jahres begeistert, wird es auch nächstes Jahr wieder eine dekorative Bepflanzung geben. Dann sollen Kürbisse den Balkon verzieren, und die Drachenkopfsamen hat Laura auch schon bereitgelegt.

EIN STÜCK SÜDFRANKREICH VOR DER WOHNUNGSTÜR, FLORENCE

Ein kleines Stück Südfrankreich in die Stadt bringen, das war der Wunsch von Florence. Im Süden Frankreichs aufgewachsen, ist es für sie ganz natürlich, etwas selbst anzupflanzen. Schon im Winter plant Florence, was das Jahr über gesät wird, und freut sich darauf, Monat für Monat zu beobachten, wie es wächst und gedeiht.

Angefangen hat sie vor Jahren mit gekauftem Basilikum auf dem Fensterbrett. Als nächsten Schritt hat Florence Basilikum selbst ausgesät und war überrascht, wie gut es klappte. Heute gehören unterschiedliche Tomatensorten und Basilikum am Balkon für sie einfach zum Gartenjahr. Sie kombiniert die Tomaten – ob Fleischtomaten oder kleine bunte Sorten –mit Kapuzinerkresse, Blumen und Kräutern.

Aus einem Avocado-Kern hat sie inzwischen ein stattliches Bäumchen gezogen, und der selbst eingesetzte Ingwer wird regelmäßig geerntet.

LAURENZ

PARADIESGARTEN ÜBER DER REEPERBAHN, ISABELLE & MICK

Unten Vergnügungsmeile, oben grünes Paradies: Im fünften Stock direkt an der Reeperbahn wachsen Tomaten, Zucchini, Melisse, Schnittlauch und viele andere Kräuter am Balkon von Isabelle und Mick.

Bei ihrer Mutter auf dem Land konnte sich Isabelle als Kind jederzeit Gemüse und Beeren aus dem «Paradiesgarten» holen. Nun hat sie sich ein Stück Paradiesgarten ins urbane Treiben mitgenommen. Alle Pflanzen sind Ableger aus diesem Garten und gedeihen dank Mutters Pferdemist auch in der Stadt wunderbar.

Wenn sie grübelt, was sie kochen soll, schaut sie zuerst, was es gerade auf dem Balkon gibt. In der nächsten Saison soll es eine kleine Gänseblümchenwiese geben – denn Gänseblümchen sind lecker im Salat und auf dem Frühstücksbrot.

FAMILIENERDBEEREN UND DIEBISCHE AMSELN, JULIA UND IHRE FAMILIE

Auf der Innenhofterrasse von Julia und ihrer Familie erinnert nichts mehr daran, dass man mitten im 6. Wiener Gemeindebezirk ist. Die Vögel zwitschern, der Verkehrslärm ist verstummt, und das Stadtgrau wird von knalligen Töpfen und einem blauen Zäunchen, das eine Blumenkiste umrahmt, abgelöst. Beruflich ermutigt Julia Einzelpersonen und Teams in Unternehmen, privat ihre Töchter Clara, Valerie und Emilia, im Familienbalkongarten zu gärtnern.

Wenn draußen noch der Schnee liegt, plant der Familienrat, was im Frühling angesät wird. Die Töchter dürfen aussuchen, was sie selbst anpflanzen und pflegen möchten und was in den Gemeinschaftstöpfen angepflanzt wird. In diesem Jahr wachsen Radieschen, Kräuter, Kresse, Erdbeeren, eine Paprika und für jede Tochter eine Tomatenpflanze. Die Tomatensetzlinge haben sie von der Nachbarin als Geschenk erhalten und sie stammen von einer lokalen Pflanzentauschbörse.

Jedes der Mädchen betreut auch eine eigene Blumenkiste. Dort sprießen Wildblumen und Rankendes wie Kapuzinerkresse. Nach dem Säen werden alle Töpfe von den Kindern per Hand beschriftet und jeder Fortschritt wird mit großem Staunen dokumentiert.

SELBSTVERSORGUNGSVERSUCH AUF KLEINER FLÄCHE, CLAUDIA

Im Hamburger Stadtteil Eimsbüttel versucht Claudia herauszufinden, wie weit man sich auf weniger als 1,5 Quadratmeter Fläche mit Gemüse und Kräutern selbstversorgen kann. Dafür hat sie sogar den Sitzplatz den Pflanzen geopfert.

Blickt man vom Küchentisch durch die Balkontür fällt der Blick auf rote Cherry-Tomaten, einen Topf Karotten und eine Mischung Schnittsalat im Balkonkistchen. In unterschiedlichen Recycling-Gefäßen wachsen Fenchel, Steckrüben und Kürbis heran. In der alten Wäschetruhe werden nun Kartoffeln angebaut und zwei Gurkenpflanzen ranken um das Geländer und an der Hauswand in die Höhe.

Alle Pflanzen hat Claudia selbst aus den Samen gezogen. Neben dem Balkon betreut Claudia ein Mietfeld zusammen mit Freunden und arbeitet freiwillig in ihrer Freizeit auf ökologischen Bauernhöfen über wwoof.de.

Schon ihre Mutter war vom Gärtnern fasziniert. Hat Claudia diese Faszination als Kind noch nicht verstehen können, verbringt sie jetzt einen großen Teil ihrer Freizeit damit. Das entspannt sie: Das Arbeiten am Mietfeld und Balkon ist fast meditativ und erlaubt ihr, total abzuschalten.

«LASS WACHSEN» – GRÜNE HÖLLE BUNT GEMISCHT, STEPHANIE

Dass Stephanie am Wochenmarkt an neuen und ausgefallenen Pflanzen nicht vorbeigehen kann, sieht man auf den ersten Blick. Auf ihrem Balkon wachsen mehr als 30 unterschiedliche Pflanzensorten. Neben Auberginen und Minigurken streckt sich der Erdbeerspinat empor. Eine kleine Weinrebe rankt um das Geländer. Kohlrabi, Zucchini, Goji-Beeren, Sezuan-Pfeffer und Andenbeeren strahlen um die Wette, und der Brokkoli blüht gerade gelblich auf. Stephanie hat ihn bewusst blühen lassen, um zu sehen, wie er blüht und woher die Samen kommen.

Sie selbst kauft oft besondere Gemüsesorten am Markt, kratzt die Samen heraus und lässt sie trocken – in der Hoffnung, daraus im nächsten Jahr selbst eine Pflanze zu ziehen. Das gelingt aber nicht immer. Denn häufig war die Frucht eine Hybridpflanze, und die Samen waren nicht mehr fertil.

Ihr Motto ist: «Lass wachsen.» Die Blumenmischung vom letzten Jahr hat sich selbst versamt und der etwas wilde Look des Balkons ist Absicht. Der Pflege der «grünen Hölle», wie Stephanie selbst ihren Balkon nennt, wird ein Nachmittag pro Woche gewidmet. Im Hochsommer muss sie zudem täglich gießen.

projektbalkonien.wordpress.com

Selbst pflanzen

Wie pflanze ich Kartoffeln am Balkon am besten an? Kann ich Bio-Dünger selbst produzieren, und auf was muss ich beim Gärtnern mit Kindern besonders achten? Diese und andere Fragen werden auf den nächsten Seiten beantwortet – in kurzen einfachen Anleitungen.

Zusätzlich sollen kurze Pflanzenporträts von unkomplizierten Sorten, Gemüse und Kräutern für halbschattige Lagen und von ausgefallenen neuen und alten Sorten das Selberpflanzen erleichtern.

An die Töpfe, gärtnern, los!

Kartoffeln im Sack oder Kübel

Schwierigkeitsgrad: mittel

Standort: sonnig

Perfekter Zeitpunkt: Ende März bis Ende April

Das brauche ich:

- wasserdurchlässiges Pflanzgefäß mit mindestens zehn Liter Inhalt – beispielsweise Ochsnerkübel, Pflanzsack oder lebensmittelechten Reissack vom Asiarestaurant; für die Drainageschicht: Tonscherben, Steine, Kies oder Blähton
- Saatkartoffeln; auf zehn Liter Erde ca. drei bis vier Saatkartoffeln
- zehn Liter torffreie Universalerde und Kompost in der Mischung 50/50
- leeren Eierkarton

SO GEHT'S

Die Saatkartoffeln sollten am besten schon vorgekeimt sein. Dafür lagern Sie die Saatkartoffeln ein bis zwei Wochen möglichst trocken bei viel Licht und 10 bis 15 Grad Celsius. Ein Eierkarton eignet sich als Lagergefäß. Ist kein passender Lagerplatz vorhanden, können die Saatkartoffeln auch ohne Vorkeimung verwendet werden.

Füllen Sie im Pflanzgefäß eine ein bis zwei Zentimeter dicke Drainageschicht ein und fügen dann zehn Zentimeter Erde hinzu. Dann legen Sie die Saatkartoffeln mit den Augen nach oben auf die Erde und bedecken sie wieder mit etwa zehn Zentimeter Erde, anschließend gut gießen.

Wenn die Kartoffeltriebe zehn Zentimeter hoch sind, füllen Sie einige Zentimeter Erde auf. So fahren Sie fort, bis das Pflanzgefäß voll ist. Durch das Aufschütten der Erde bekommt der Trieb mehr Wurzeln und Sie mehr Kartoffeln. Danach lässt man die Pflanzen in die Höhe wachsen. Die Kartoffeln bilden grüne Pflanzen mit weißen bis violetten kleinen Blüten.

Wenn das Laub vollständig verwelkt ist, werden die Kartoffeln geerntet. Dies ist in der Regel nach etwa 100 Tagen der Fall. Die Erntezeit ist meistens auf den Saatkartoffelpackungen vermerkt.

Zum Ernten sucht man entweder per Hand im Topf nach den Kartoffeln oder kippt den Topf um und leert ihn aus.

Wichtig: Alle grünen Teile der Kartoffel wie Blätter, Stängel und oberirdische Früchte, die aus den Blüten entstehen, sind giftig und sollten nicht gegessen werden!

WIEBKES TIPP: HEUKARTOFFELN

Nach dem Vorkeimen legt man beim Pflanzen die Kartoffeln auf Erde und Pflanzenreste wie Blätter oder Gras. Die grünen Triebe bedeckt man mit Heu, wartet bis sie nachwachsen und mulcht dann wieder. So fährt man fort, bis das Gefäß gefüllt ist *(siehe Seite 68)*.

Salatbar am Balkon

Schwierigkeitsgrad: einfach

Standort: halbschattig bis sonnig

perfekter Zeitpunkt: von Ende März bis Anfang September

Das brauche ich:

- Balkonkistchen oder ähnliches längliches Pflanzgefäß mit Löchern im Boden
- 5 bis 15 Liter torffreie Universalerde (je nach Größe des Pflanzgefäßes)
- zwei große Tonscherben, Blähton
- Pflanzvlies
- zwei Salatsetzlinge, zum Beispiel Salanova oder Eichblattsalat
- Samenmischung Schnittsalat
- Radieschen-Samen
- Stecketiketten

SO GEHT'S

Füllen Sie das Balkonkistchen zwei Zentimeter hoch mit Blähton, wenn es mehr als 20 Zentimeter hoch ist, und decken diesen mit einer Lage Pflanzvlies ab. Dann füllen Sie das Gefäß mit Erde bis knapp unter den Rand auf und gießen an. Die Salatsetzlinge werden mit einem Abstand von 15 bis 20 Zentimeter eingepflanzt.

Neben den Setzlingen sät man eine Reihe Schnittsalat aus. Dazu drücken Sie eine kleine Furche in die Erde, streuen den Samen breitwürfelig aus, bedecken ihn mit wenig Erde und drücken an. Nun säen Sie die Radieschen-Samen zwischen den Salat und den Rand mit einem Abstand von zwei bis drei Zentimetern aus. Geben Sie die Samen einzeln etwa 1,5 Zentimeter tief in die Erde und drücken auch hier an. Dann können Sie die Radieschen und den Schnittsalat beschriften.

Die Aussaatstellen können auch mit Vermiculit bedeckt werden. Das verhindert ein zu schnelles Austrocknen.

Der gepflanzte Salat kann nach etwa sechs bis acht Wochen geerntet werden, die Radieschen nach drei bis vier Wochen. Es empfiehlt sich, alle zwei bis drei Wochen etwas Schnittsalat nachzusäen. Im September und Oktober können dann Wintersalate wie Feldsalat, Zuckerhut oder Spinat gesät und gepflanzt werden.

Pflanzenjauche selbst gemacht

Schwierigkeitsgrad: einfach

Standort: sonnig

perfekter Zeitpunkt: ab Mai

Das brauche ich:

- ein Fass mit mindestens 10 Litern Fassungsvolumen, zum Beispiel ein Maischefass oder ein blaues Fass vom Baumarkt aus Holz oder Kunststoff; kein Metall verwenden, da die Jauche dies angreift.
- 1 kg gesammelte frische Brennnesseln oder getrocknete Brennnesseln *(getrocknete Brennnesseln auf dem Bild ganz rechts oben in dem grünen Topf)*
- Urgesteinsmehl *(auf dem Bild ganz rechts oben im roten Topf)*
- Stock oder Ähnliches zum Umrühren

SO GEHT'S

Füllen Sie das Fass entweder ganz mit zerkleinerten frischen Brennnesseln auf oder geben Sie nach Maßangabe des Herstellers getrocknete Brennnesseln in das Fass: Auf 10 Liter Wasser kommt etwa ein Kilogramm frische Brennnesseln.

Dann füllen Sie das Fass mit Wasser auf, mischen eine Handvoll Urgesteinsmehl bei, rühren gut um und decken das Fass ab.

Jeden Tag sollten Sie ein- bis zweimal gut umrühren. Nach ungefähr drei Tagen beginnt der Gärungsprozess. Es steigen Blasen auf, und die Jauche fängt an, unangenehm zu riechen. Bei Bedarf können Sie den Geruch mit Urgesteinsmehl binden. Nach etwa zehn Tagen ist die Brennnesseljauche fertig und der Gärprozess abgeschlossen.

Die Brennnesseljauche kann zum einen verdünnt im Verhältnis 1:10 als Stickstoffdünger alle vier Wochen verwendet werden. Ein Liter der verdünnten Jauche reicht für einen Quadratmeter. Zum anderen kann die Jauche im Verhältnis 1:20 als Spritzmittel zur Vorbeugung gegen Krankheiten und Schädlinge eingesetzt werden.

Trinkbare Bepflanzung: Minze und Erdbeeren im Duett

Schwierigkeitsgrad: mittel

Standort: halbschattig bis sonnig

perfekter Zeitpunkt: April

Das brauche ich:

- Nudelsieb aus Metall oder Kunststoff
- Pflanzvlies
- fünf Liter torffreie Universalerde
- zwei Hängeerdbeerpflanzen
- einen Minze-Setzling, zum Beispiel Marokkanische Minze
- drei Samen Kapuzinerkresse
- Kokosschnur für Siebe mit Henkel
- gegebenenfalls Blähton

SO GEHT'S

Kleiden Sie das Nudelsieb mit Pflanzvlies aus. Bei großen Sieben füllen Sie zuerst eine Lage Blähton ein und decken mit einer weiteren Lage Pflanzvlies ab. Nun füllen Sie die Erde bis knapp unter den Rand ein. Bei kleinen Sieben können Sie die Erde direkt auf das Pflanzvlies füllen. Dann gießen Sie die Erde an.

Die Minze- und Erdbeerpflanzen verteilen Sie auf dem Sieb. Dann nehmen Sie sie aus den Töpfen, lockern den Wurzelballen etwas und setzen die Pflanzen ein. Zwischen den Pflanzen säen Sie drei Kapuzinerkresse-Samen im Abstand von acht bis zehn Zentimetern 1,5 Zentimeter tief in die Erde und drücken die Erde an.

Bitte gießen Sie vorsichtig. Bei Sieben mit Henkel kann die Kokosschnur verwendet werden, um die Siebe aufzuhängen.

Überwintern Sie die Erdbeeren und die Minze. Die Kapuzinerkresse muss jedes Jahr neu gesät werden.

Zucchini in der Kiste

Schwierigkeitsgrad: einfach

Standort: sonnig

perfekter Zeitpunkt: ab Mai

Das brauche ich:

- Kunststoffbrotkiste oder Transportkiste aus dem Baumarkt mit 25 Liter Fassungsvolumen
- fünf Liter Blähton
- 20 Liter torffreie Universalerde
- Pflanzvlies
- einen Zucchinisetzling
- eine Schaufel Kompost (optional)

SO GEHT'S

Die Kunststoffkiste kleiden Sie mit dem Pflanzvlies aus und füllen den Blähton ein. Dann decken Sie mit einer weiteren Lage Pflanzvlies ab und füllen nun die Erde bis knapp unter den Rand in das Gefäß.

In der Mitte des Gefäßes drücken Sie eine kleine Mulde in die Erde und geben eine Schaufel Kompost in das Pflanzloch. Nun nehmen Sie den Zucchinisetzling vorsichtig aus dem Topf und lockern den Wurzelballen ganz leicht. Dann setzen Sie die Zucchini ein und füllen die Mulde mit Erde auf.

Jetzt drücken Sie die Erde an und gießen.

Einmal pro Monat düngen Sie mit Brennnesseljauche. Zu der Zucchini kann man zum Beispiel auch Spinat säen oder den Boden mit Mulch abdecken.

Wenn die Früchte 15 bis 20 Zentimeter lang sind, schmecken sie am besten. Die Blüten kann man wunderbar füllen und als Fingerfood genießen *(siehe Rezept gefüllte Zucchiniblüten auf Seite 159)*.

RANKENDER SICHTSCHUTZ

Schwierigkeitsgrad: etwas schwerer

Standort: sonnig

perfekter Zeitpunkt: Mai

Das brauche ich:

- einen Pflanzsack oder einen Weidenkorb bzw. eine Holzkiste mit mindestens 25 Liter Fassungsvolumen
- 25 Liter torffreie Universalerde (bei größeren Gefäßen mehr)
- falls kein Pflanzsack verwendet wird, Blähton und Pflanzvlies
- drei bis vier Zuckermaissetzlinge
- einen Kürbissetzling, zum Beispiel Butternut oder Hokkaido
- Bohnensamen, Busch- und Stangenbohnen
- eine Schaufel Kompost (optional)

SO GEHT'S

Den Pflanzsack füllen Sie mit Erde, den Weidenkorb bzw. die Holzkiste zuerst mit Blähton und kleiden dann mit einem Pflanzenvlies aus. Erst danach füllen Sie Erde ein. Hat man Kompost zur Hand, mischt man eine Schaufel der Erde bei.

Nehmen Sie die Setzlinge vorsichtig aus den Töpfen. Vor allem Kürbis hat ganz feine Wurzeln, die nicht gerne verletzt werden. Alle 20 bis 30 Zentimeter setzt man einen Zuckermaissetzling ein – im Weidenkorb und in der Holzkiste im Kreis. Zuckermais braucht mehrere Pflanzen, um sich gegenseitig zu befruchten und Kolben zu bilden.

Die Kürbispflanze setzen Sie am Rand des Gefäßes ein und hängen dann den Pflanzsack auf. Jetzt werden die Bohnensamen im Kreis um die Zuckermaissetzlinge verteilt. Zuckermais und Bohnen ergänzen sich perfekt! Die Bohnen verwenden den Mais als Rankhilfe und geben Stickstoff an die Erde ab. Mais benötigt sehr viel Stickstoff und nimmt den abgegebenen auf.

Einmal im Monat düngt man mit Brennnesseljauche. Mit der Zeit wächst so ein schöner wilder Sichtschutz, der durch die gelben Blüten des Kürbisses und die violetten und roten Blüten der Bohnen sehr dekorativ ist.

Alternativ können auch andere rankende Gemüsesorten wie Gurken verwendet werden und statt Zuckermais können Sie auch Sonnenblumen als Rankhilfe für die Stangenbohnen pflanzen.

Einen Schulgarten anlegen

Schwierigkeitsgrad: mittel

Standort: halbschattig bis sonnig

perfekter Zeitpunkt: März bis Mai

Das brauche ich:

- unterschiedlich große Gefäße oder eine bestehende Beetfläche
- torffreie Erde und Kompost
- ausreichend Gartenmaterial wie kleine Schaufeln, Handschuhe, Gießkannen
- Setzlinge und/oder Saatgut
- Holz- oder Bambusstangen
- pro fünf Kinder eine Betreuungsperson
- Mulchmaterial wie Rasenschnitt, geschnittenes Schilf

SO GEHT'S

Für Kinder ist es ein besonderes Erlebnis, eine Pflanze wachsen zu sehen und danach zu ernten. Ein Schulgarten bildet daher eine gute Gelegenheit, das Wachstum täglich zu verfolgen und so Spannendes über die Pflanzen und Nahrungsmittel allgemein zu lernen.

Vorbereitung

Beete: Ist bereits ein Beet vorhanden, das aber länger nicht genutzt wurde, muss dieses aufbereitet werden. Idealerweise wird eine Bodenprobe genommen, um sicherzustellen, dass der Boden nicht mit Schadstoffen oder Schwermetallen belastet ist. Man entfernt Unkraut, lockert die Erde – zum Beispiel mit einem Sauzahn oder einer Pendelhacke – und arbeitet Kompost ein. Ist der Boden sehr lehmig, sollte man Sand untermischen. Die Beete dürfen maximal 1,20 Meter breit sein, sodass sie von beiden Seiten noch gut erreichbar sind. Auch Wege sollte man einplanen. Sonst entsteht schnell ein Trampelpfad auf dem Beet.

Gefäße

Ist kein Beet verfügbar, kann in Gefäßen gegärtnert werden. Paletten mit Spannrahmen oder große Pflanzsäcke sind hierfür ideal. Je nach Gefäß werden diese mit Pflanzvlies ausgekleidet und mit Blähton und Erde oder einfach nur mit Erde befüllt.

Sortenwahl

Für Kinder eigenen sich am besten schnellwachsende Gemüsesorten oder solche, die einen kleinen Urwald bilden. Ideal sind Radieschen und Kresse. Mischungen aus Sonnenblumen, Bohnen, Mais und Kürbissen blühen und klettern schnell in die Höhe und über das Beet. Bei Kartoffeln macht besonders das Setzen sowie Ernten Spaß und Kräuter schmecken lecker auf dem Pausenbrot.

Die Samen können im Klassenzimmer vorgezogen werden. Hier ist wichtig, dass nach dem Keimen die Keimlinge in einem hellen, aber kühleren Raum gelagert werden. Sonst schießen sie in die Höhe und bilden instabile Pflanzen.

Anlegen

Beim Gärtnern mit Kindern sollte eine Betreuungsperson pro fünf Kinder vorhanden sein. Kinder lieben es, in der Erde zu graben, haben jedoch je nach Alter nur begrenzt Kraft dafür. Vor allem bei schweren Böden wird die Hilfe der Betreuungsperson benötigt, um eine schnelle Frustration zu vermeiden.

Den Kindern sollten klare Aufgaben gegeben werden: Wer trägt die Pflanzen, wer teilt das Material aus, welche Pflanze wird von wem eingesetzt. Es zahlt sich aus, wenn die Betreuungsperson die Pflanzen am Beet oder Gefäß verteilt, um sicherzustellen, dass nicht zu viel eingepflanzt wird und die Pflanzen genügend Platz haben. Einmal vorgezeigt, pflanzt jedes Kind selbst ein. Die Betreuungsperson kontrolliert und lobt. Mit Steinen oder Schildern werden die Pflanzen beschriftet, und es wird gut gegossen.

Pflege

Einmal eingesetzt, braucht es jetzt nicht nur Geduld, sondern auch Pflege. Regelmäßige Pflegetermine sollten im Stundenplan eingeplant werden. Dann wird gegossen, neu gemulcht, geerntet, nachgesät und gepflanzt. In den Sommerferien sollte das Gießen sichergestellt werden.

Stark zehrendes im Reissack

Schwierigkeitsgrad: mittel

Standort: sonnig

perfekter Zeitpunkt: April bis Oktober

Das brauche ich:

- lebensmittelechten Reissack oder Pflanzsack (wasserdurchlässig)
- 25 bis 40 Liter torffreie Universalerde, je nach Größe des Sackes
- fünf Liter Kompost
- einen Kohlsetzling, zum Beispiel Weißkohl, Rotkohl, Wirz
- alternativ eine andere stark zehrende Pflanze wie Kürbis
- einige Handvoll Mulch
- Geduld

SO GEHT'S

Die Erde füllen Sie in den Sack und mischen sie im oberen Drittel mit dem Kompost. Die Kanten der Sacköffnung werden etwas heruntergerollt. Jetzt drücken Sie eine kleine Mulde in die Erde und setzen den Setzling ein. Es ist wichtig, dass der Fruchtansatz und alle Blätter über der Erde bleiben. Dann gießen Sie gut.

Die Erde rund um den Setzling decken Sie mit Mulch ab. So trocknet die Erde weniger schnell aus. Einmal im Monat düngen Sie mit Brennnesseljauche.

Ein Kohlkopf benötigt bis zu vier Monate. Es ist also etwas Geduld gefragt.

Man unterscheidet Frühlings-, Sommer- und Winterkohl. Im Gartencenter oder auf dem Markt sind immer aktuelle Setzlinge erhältlich. Kohl kann auch überwintert werden.

Knollige Schädlingsabwehr

Schwierigkeitsgrad: einfach

Standort: halbschattig bis sonnig

perfekter Zeitpunkt: März/April und August/Oktober

Das brauche ich:

- Steckzwiebeln oder Zwiebelsamen
- Steckknoblauch
- Pflanzgefäße mit mindestens 15 Zentimeter Tiefe
- torffreie Universalerde

SO GEHT'S

Das Pflanzgefäß füllen Sie mit Erde auf. Bei großen Pflanzgefäßen füllen Sie eine Lage Blähton ein und decken mit einem Pflanzvlies ab.

Steckzwiebeln setzen Sie im Abstand von fünf bis zehn Zentimeter in die Erde. Sie sollten gerade mit Erde bedeckt sein. Auf der Verpackung der Steckzwiebel steht meist der genaue Pflanzabstand der jeweiligen Sorte. Alternativ können Zwiebeln im Frühjahr auch direkt gesät werden. Hierzu verwenden Sie am besten Bio-Saatgut.

Spezielle Wintersteckzwiebeln können auch noch Ende des Sommers bzw. Anfang des Herbstes in die Erde kommen. Sie werden im nächsten Frühjahr geerntet.

Den Steckknoblauch müssen Sie in seine einzelnen Zehen zerteilen, falls dieser nicht schon zerteilt ist. Er wird Anfang März oder im Oktober mit der grüne Spitze nach oben fünf bis sieben Zentimeter tief gepflanzt. Der Abstand zwischen den einzelnen Zehen sollte zehn Zentimeter betragen.

Die Zwiebel erntet man, wenn zwei Drittel des Laubes abgestorben sind. Auch der Knoblauch wird geerntet, sobald das Grün vergilbt. Die Zwiebel und der Knoblauch können dekorativ zu Zöpfen gebunden und getrocknet werden.

Kreativer Kräutergarten

Schwierigkeitsgrad: mittel

Standort: halbschattig bis sonnig

perfekter Zeitpunkt: Ende April bis Ende Mai

Das brauche ich:

- eine Palette
- dickes Pflanzvlies
- torffreie Universalerde
- zwei leere Tetrapaks
- sechs bis sieben junge Kräutersetzlinge nach Wahl
- Schere
- Hand-Tacker

SO GEHT'S

Die Palette stellen Sie vertikal auf, sodass die Standbeine nach vorne zeigen. Diese werden nun in Pflanzgefäße verwandelt. Hierfür legen Sie das Pflanzvlies in das oberste Standbein hinein, sodass dieses bis zum Rand mit Vlies ausgekleidet ist. Das Vlies schneiden Sie dann ab und befestigen es mit dem Hand-Tacker am Holz.

Das zweite Standbein kleiden Sie auf dieselbe Weise mit Vlies aus. Nun werden die so kreierten Pflanzgefäße bis zum Rand mit Erde gefüllt.

Einen Tetrapak schneiden Sie quer, den anderen längs auf und schneiden mit der Schere mehrere Löcher in den Boden. Dann füllen Sie die Tetrapaks mit Erde.

Pro Pflanzgefäß in der Palette pflanzen Sie zwei Kräutersetzlinge ein und bepflanzen auch die Tetrapaks mit den Setzlingen. Bei den Kräutern vergessen Sie bitte nicht das Anreißen des Wurzelballens. Dann gießen Sie alles gut.

Anstelle von Küchenkräutern wie Basilikum und Oregano können zum Beispiel auch Teekräuter wie Verveine, Pfefferminze, Goldmelisse oder Honigmelonensalbei verwendet werden.

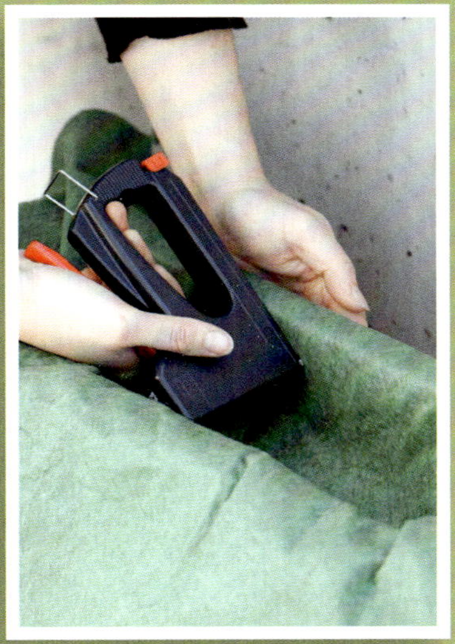

Toskana-Feeling am Balkon

Schwierigkeitsgrad: mittel

Standort: sonnig, idealerweise überdacht

perfekter Zeitpunkt: Mitte bis Ende Mai

Das brauche ich:

- Tontopf mit zehn Liter Fassungsvermögen
- große Tonscherbe
- einen Liter Blähton
- Pflanzvlies
- neun Liter torffreie Universalerde
- eine Handvoll Gartenkompost (optional)
- Tomatensetzling, zum Beispiel Cherry-Tomate
- Oreganosetzling
- Basilikumsetzling
- Holz- oder Bambusstange

SO GEHT'S

Mit der Tonscherbe verdecken Sie das Loch am Boden des Tontopfes. Dann füllen Sie den Blähton ein, legen eine Lage Pflanzvlies auf den Blähton und füllen den Topf mit Erde auf. Ist Kompost vorhanden, mischen Sie eine Handvoll Kompost unter.

Nun setzen Sie zuerst den Tomatensetzling ein – möglichst bis zum ersten Blatt tief und etwas schräg in die Erde. So kann der Setzling seitliche Wurzeln (Adventivwurzeln) bilden. Danach pflanzen Sie den Basilikum und Oregano um den Tomatensetzling ein.

Dazu nehmen Sie die Setzlinge aus den Töpfen, reißen den Wurzelballen leicht an und lockern ihn. Den Topf füllen Sie, wenn nötig, noch mit Erde bis zum Rand auf und drücken alle Pflanzen gut fest.

Neben die Tomate stecken Sie eine Holzstange als Kletterhilfe in die Erde. Dann gießen Sie gut.

Die Tomate müssen Sie regelmäßig ausgeizen (die Triebe in den Achseln entfernen, *vgl. Seite* 69) und Anfang bis Mitte August die Spitze abbrechen. So reifen die restlichen Tomaten schön aus. Alle vier Wochen sollten Sie mit Brennnesseljauche düngen.

Samen für das nächste Jahr

Schwierigkeitsgrad: etwas schwerer

Standort: Küchentisch

perfekter Zeitpunkt: nach der Blüte, wenn die Früchte reif sind

Das brauche ich:

- eine vollreife Tomate
- ein kleines Glas
- Küchenmesser
- Teelöffel

Bei essbaren Blüten wie Kapuzinerkresse oder Ringelblume können Sie die Samen direkt von den Blüten ernten: Hierzu warten Sie, bis die Pflanze vertrocknet ist. Der Samen fällt dann von selbst ab. Auch Koriander-Samen lässt sich so einfach für das nächste Jahr gewinnen oder zum Kochen ernten.
Auf dem Bild links sind Ringelblumensamen, Kürbissamen und die Samen der Prunkwinde.

SO GEHT'S

Die vollreife Tomate halbieren Sie, nehmen mit einem Teelöffel das Fruchtfleisch mit den Kernen vorsichtig heraus und geben es in das Schnapsglas. Dann fügen Sie drei Teelöffel Wasser hinzu.

Die Samen im Wasserglas lassen Sie drei bis vier Tage gären und rühren täglich einmal um. So werden die Samen gereinigt. Allerdings kann es durch den Gärprozess unangenehm zu riechen beginnen.

Nun schütten Sie die Samen in ein Sieb und spülen sie gut mit Wasser ab. Dann legen Sie die Samen auf ein Küchenpapier oder einen Kaffeefilter und lassen sie trocknen. Danach verpacken Sie sie in kleine Papiersäcke, beschriften sie und lagern sie kühl und dunkel.

Vor dem Aussäen kann man die Samen über Nacht in Wasser einweichen.

Auf dieselbe Weise kann man auch Samen von anderen Gemüsesorten wie Chilis oder Paprika gewinnen.

Gewächshäuser für jedermann

Schwierigkeitsgrad: einfach

Standort: halbschattig bis sonnig

perfekter Zeitpunkt: Februar bis Mai

Das brauche ich:

- transparente Küchenfolie
- transparente 1,5-Liter-PET-Flasche
- transparenten Kunststoffsack, zum Beispiel aus der Gemüseabteilung
- vier dünne Holz- oder Bambusstangen
- eine Schere

SO GEHT'S

Version 1: Die Küchenfolie spannt man direkt über den Aussaattopf. Bei größeren Flächen bildet man mit den Holzstangen ein Zelt und umwickelt mehrmals mit Küchenfolie.

Version 2: Die PET-Flasche schneidet man in der Mitte durch und setzt den oberen Teil mit Verschluss auf die Aussaattöpfe.

Version 3: Man bildet mit den Holzstäben ein Zelt und stülpt den Kunststoffsack darüber.

Die kleinen Gewächshäuser müssen regelmäßig belüftet werden.

Für größere urbane Gartenprojekte kann man sich von den kreativen Gewächshäusern des Gartendecks oder des SeedCity-Projektes inspirieren lassen *(siehe Bilder rechts)*.

Kompostieren urban

Schwierigkeitsgrad: etwas schwerer

Standort: Wohnung, Balkon, Gartenprojekt

perfekter Zeitpunkt: Frühling bis Winter

Das brauche ich:

- Bokashipulver oder Preta-Streu (beides Pulver, die die Zersetzung von Bioabfällen zu Kompost unterstützen)
- grobgeschnittene Bioabfälle
- Bokashi-Eimer

SO GEHT'S

Füllen Sie einen Löffel des Bokashipulvers in den Container und verteilen Sie danach die grobgeschnittenen Bioabfälle darauf. Einen weiteren Löffel des Pulvers geben Sie anschließend auf die Abfälle im Container.

Jedes Mal, wenn Sie Bioabfälle in den Container geben, fügen Sie wieder einen Löffel Bokashipulver hinzu. Die im Pulver enthaltenen Mikroorganismen fermentieren die Bioabfälle relativ geruchlos. So kann der Container auch in der Wohnung verwendet werden.

Die durch den Prozess entstehende Flüssigkeit kann man alle drei bis fünf Tage ablassen. Sie kann unverdünnt als Abflussreiniger oder stark verdünnt als Dünger verwendet werden.

Ist der Bokashi voll, kann man die Mischung entweder einem Gartenkompost beifügen oder weitere zwei Wochen warten und danach das Gemisch auf die Beete oder Pflanzgefäße auftragen.

Eine weitere Kompostiermöglichkeit für den Balkon ist der Wurmkompost. Spezielle Kompostierwürmer zersetzen hier Küchen- und Gartenabfälle *(siehe Bild rechts)*.

Größere urbane Gartenprojekte legen meist mehrere kleine klassische Komposthaufen an: einen, der bewirtschaftet wird, einen, der ruht, und einen, der verwendet wird. So muss kein Dünger für die Bodenverbesserung zugekauft werden *(siehe Bild ganz rechts)*.

Die Bezugsquellen für Bokashi-Sets und Wurmkisten finden Sie im Anhang.

DIE UNKOMPLIZIERTEN & ANFÄNGERPFLANZEN

In meinen Gartenkursen wird häufig nach besonders unkomplizierten Pflanzen und Gemüsesorten für halbschattige Lagen oder nach speziellen alten oder neuen Sorten gefragt.
Diese Fragen sollen anhand ausgewählter kurzer Pflanzenporträts in diesen drei Kategorien beantwortet werden.

Schnitt- und Pflücksalat

- *Gefäß:* ab drei Liter
- *Aussaat:* ab März bis Herbst
- *Ernte:* nach sechs bis zehn Wochen

Für kleine Gefäße eignen sich am besten Schnitt- und Pflücksalate, die mehrmals nachwachsen. Diese können auch dichter gesät oder gesetzt werden. Je nach Sorte schneidet man vier Zentimeter über dem Boden ab oder pflückt immer die äußeren großen Blätter. Das Pflanzenherz muss erhalten bleiben.

Radieschen

- *Gefäß:* ab drei Liter
- *Aussaat:* ab März bis Herbst
- *Ernte:* nach drei bis sechs Wochen

Radieschen werden immer gesät und zwar rund 1,5 Zentimeter tief, damit sich die Wurzelknolle bilden kann. Lassen Sie dabei immer zwei Fingerbreit zwischen den Radieschen Platz. Nach vier bis sechs Tagen keimen sie und können sehr schnell geerntet werden.

Kohlrabi

- *Gefäß:* ab fünf Liter
- *Aussaat:* ab März bis Herbst
- *Ernte:* nach sechs bis zehn Wochen

Kohlrabi ist der anspruchslose Lückenfüller für das ganze Gartenjahr. Man kann ihn direkt säen oder Setzlinge pflanzen.

Bohnen und Bohnenkraut

- *Gefäß:* ab 15 Liter, mindestens 25 Zentimeter tief
- *Aussaat:* ab Mitte Mai
- *Ernte:* nach acht bis zehn Wochen

Stangenbohnen ranken hoch und benötigen beispielsweise eine Holzstange oder eine Sonnenblume als Rankhilfe. Säen Sie sechs bis acht Samen um die Rankhilfe. Buschbohnen wachsen niedrig. Bohnenkraut hält schwarze Blattläuse fern. Bohnen geben Stickstoff in die Erde ab und verbessern so den Boden.

Kapuzinerkresse

- *Gefäß:* ab drei Liter
- *Aussaat:* ab März bis Herbst
- *Ernte:* nach drei bis sechs Wochen

Die Blüten der Kapuzinerkresse sind essbar. Die Pflanze rankt und ist sehr dekorativ. Der Samen kann bis zu 20 Tage zum Keimen benötigen. Vorgezogene Pflanzen können ab Mitte Mai ins Freie. Direktsaat empfiehlt sich ab Ende April.

Zucchini

Gefäß: ab 25 Liter

Auspflanzen: Mitte Mai

Ernte: nach sechs bis acht Wochen

Die Früchte schmecken am besten, wenn sie zwischen 15 bis 20 Zentimeter lang sind. Düngen Sie regelmäßig, mulchen Sie oder pflanzen Sie Spinat und Kapuzinerkresse darunter. Achtung! Eine Zucchinipflanze benötigt viel Platz.

FÜR HALBSCHATTIGE LAGEN

Die folgenden Pflanzen sind vor allem für halbschattige Lagen gut geeignet.

MANGOLD/KRAUTSTIEL

- *Gefäß:* ab fünf Liter
- *Aussaat:* April bis Juni
- *Ernte:* nach acht bis zwölf Wochen

Bunter Krautstiel kann direkt gesät oder gesetzt werden und peppt jeden Balkongarten auf. Man erntet immer die äußeren großen Blätter bis in den Herbst hinein und bricht diese ab. Mit etwas Glück überwintert der Mangold sogar.

SPINAT

- *Gefäß:* ab fünf Liter
- *Aussaat:* März bis Mai/August und September
- *Ernte:* nach acht Wochen

Spinat kann man direkt ein bis drei Zentimeter tief säen. Er lockert den Boden auf und ist auch im Herbst ein nahrhaftes Gemüse.

Rote Beete/Randen

- *Gefäß:* ab fünf Liter
- *Aussaat:* Anfang Mai bis Anfang Juni
- *Ernte:* in acht bis zehn Wochen

In der Balkonkiste haben drei Pflanzen nebeneinander Platz. Die Samen können auch sehr dicht gesät werden. Haben sie drei bis vier richtige Blätter, werden sie ausgedünnt und die überschüssigen Pflanzen als Baby-Leaf-Salat genossen. Der Samen muss zwei bis drei Zentimeter tief in die Erde und benötigt 15 bis 25 Tage zum Keimen. Bohnen und Bohnenkraut sind gute Nachbarn.

Minze

Gefäß: ab drei Liter

Auspflanzen: April bis Ende August

Ernte: fortlaufend

Neben Marokkanischer Minze und der klassischen Englischen Minze gibt es auch raffinierte Züchtungen wie Schokoladenminze oder Ananasminze. Das mehrjährige Kraut wurzelt sehr stark und sollte am besten ein eigenes Gefäß bekommen. Idealerweise kaufen Sie es als Setzling, die Voranzucht dauert sonst Monate.

Petersilie

Gefäß: ab drei Liter

Auspflanzen: April bis Ende August

Ernte: fortlaufend

Petersilie gibt es als glatte oder krause Varianten. Das Kraut ist ein- bis zweijährig und verträgt sich nicht gut mit Schnittlauch.

Schnittlauch

- *Gefäß:* ab drei Liter
- *Auspflanzen:* April bis Ende August
- *Ernte:* fortlaufend

Schnittlauch kaufen Sie am besten als Setzling. Denn sät man selbst, ist er im ersten Jahr sehr klein und dürftig. Dafür gedeiht er prächtig im zweiten Jahr. Schnittlauch überwintert und hält sich jahrelang.

AUSGEFALLENES

Hier finden Sie neue und ausgefallene Sorten für den eigenen Anbau.

Erdbeerspinat

- *Gefäß:* ab fünf Liter
- *Aussaat:* Mitte März bis August
- *Ernte:* nach sechs bis sieben Wochen

Man sät den Samen zwei bis drei Zentimeter tief. Die Blätter werden wie Spinat verwendet. Die hellroten Früchte sind zum Naschen da, erinnern im Geschmack aber nur entfernt an Erdbeeren.

Spargelerbsen

- *Gefäß:* ab fünf Liter
- *Aussaat:* Mitte April bis Juli
- *Ernte:* nach acht Wochen fortlaufend

Diese kleinwüchsige dekorative Erbsensorte muss nicht hochgebunden werden und blüht wunderschön rot. Die Früchte sind fast viereckig und sollten jung gegessen werden. Sie haben einen spargelähnlichen Geschmack.

Schwarze Sojabohnen

- *Gefäß:* ab 25 Liter
- *Aussaat:* Mitte Mai bis Anfang Juni
- *Ernte:* nach 10 bis 16 Wochen

Die frischen Hülsen können Sie fortlaufend als Edamame genießen. Im September können Sie die trockenen Hülsen ernten und entkernen

Andenbeere/Physalis

- *Gefäß:* ab zehn Liter
- *Auspflanzen:* Mitte Mai
- *Ernte:* nach 12 bis 16 Wochen

Die Andenbeere, Physalis, kann bis zu 1,5 Meter hoch werden. Die orangen Früchte sind als Dessert sehr beliebt und reich an Vitamin C. Sie sind erntereif, wenn die Lampions braun und trocken werden.

Besondere Tomatensorten: Reisetomaten & Indigo

- *Gefäß:* ab zehn Liter
- *Auspflanzen:* ab Mitte Mai
- *Ernte:* nach acht Wochen fortlaufend

Die Urform der Reisetomate stammt aus Südamerika und war dank ihrer geteilten Fruchtkammern ein beliebter Reiseproviant. Es können einzelne Teile der Frucht entfernt werden, ohne die anderen Teile zu beschädigen. Die Indigo-Tomaten sind außen dunkelviolett und innen rot. Beide Tomatensorten setzt man tief und leicht schräg

Gartenmelde und Baumspinat

- *Gefäß:* ab zehn Liter
- *Aussaat:* Ende März bis Anfang Juni
- *Ernte:* nach sechs Wochen fortlaufend

Die rote Gartenmelde und der grün-pinke Baumspinat sind sehr dekorative Blattgemüsearten, die bis über zwei Meter hoch werden können. Sie werden wie Spinat fortlaufend geerntet.

Roter Blattsenf

- *Gefäß:* ab drei Liter
- *Aussaat:* März bis April/August bis September
- *Ernte:* nach sechs Wochen fortlaufend

In der asiatischen Küche sehr begehrt, kann Blattsenf als Salat oder in Wok-Gerichten verwendet werden. Er zeichnet sich durch schnelles Wachstum und eine Ernte bis in den Spätherbst hinein aus.

Die Ernte genießen

Einmal geerntet, möchte man aus dem knackigen Gemüse auch himmlische Gerichte zaubern. Die folgenden Rezepte sind mehrheitlich für zwei Personen ausgelegt. Pesto und Kuchen reichen auch für Gäste. Alle Rezepte sind schnell zubereitet und auch für Kochanfänger geeignet. Die Rezepte sind vegetarisch und verwandeln das selbst gezogene Gemüse in leckere Gerichte und Beilagen.

Kräuterpesto

Zutaten

- ein Bund selbst gezogene Kräuter gemischt, zum Beispiel Basilikum, Oregano, Schnitt-lauch, Rosmarin
- 100 ml Olivenöl
- 75 g Parmesan
- 3 EL Pinienkerne
- 3 EL gemahlene Mandeln
- Knoblauchzehen nach Belieben

Kräuter waschen und grob hacken. Knoblauchzehen schälen.
Alle Zutaten in ein hohes Gefäß geben und mit einem Pürierstab so lange zerkleinern, bis eine sämige Masse entsteht. Für eine dünnere Konsistenz mehr Öl zufügen. Schmeckt lecker zu Pasta, als Dressing-Beigabe zu Salat oder als Brotaufstrich.

Karotten-Lauchsuppe mit Zitronenthymian

Zutaten

- 6 Karotten
- 1 Stange Lauch
- 1 EL Sahne
- 1 Zwiebel
- 1 EL Öl
- 500 ml Gemüsebrühe
- Zitronenthymian
- Ingwer

Karotten schälen und in grobe Stücke schneiden. Lauch in Ringe schneiden. Zwiebel klein hacken. Öl in einem Topf erhitzen. Zwiebel darin anbraten. Karotten und Lauch zugeben und kurz mitbraten. Mit der Gemüsebrühe aufgießen. 15 bis 20 Minuten kochen, bis das Gemüse weich ist. Suppe pürieren. Danach geriebenen Ingwer und Zitronenthymianblätter dazugeben und mit Salz, Pfeffer und Sahne abschmecken.

Gefüllte Kohlrabi

Zutaten

- 2 Kohlrabi grün oder blau
- 1 Stange Lauch
- 1 kleine Zwiebel
- 2 Karotten
- 100 g Champignons
- 1 Knoblauchzehe
- Öl zum Anbraten
- 75 g Frischkäse mit Kräutern
- 250 ml Wasser
- ½ Gemüsebrühewürfel

Kohlrabi schälen. Unten gerade schneiden, damit sie stehen können. Oben einen Deckel abschneiden. Kohlrabi mit Deckel etwa 15 bis 20 Minuten in Salzwasser halbweich garen. Danach Kohlrabi aushöhlen und Stücke beiseitelegen.

Lauch und Karotten in feine Ringe schneiden. Champignons in Scheiben schneiden. Zwiebel und Knoblauch klein hacken. Zwiebel anbraten und Lauch, Karotten, Knoblauch, Kohlrabistückchen und Champignons hinzufügen. Zehn Minuten garen. Zum Schluss mit Salz und Pfeffer würzen und Frischkäse unterrühren.

Die vorgekochten Kohlrabi in einen Topf geben und mit der Gemüse-Frischkäse-Masse füllen. 250 ml Wasser und den halben Gemüsebrühewürfel in den Topf geben und mit geschlossenem Deckel zehn Minuten fertig garen.

Wer es fleischiger mag, kann anstelle von Champignons Hackfleisch nehmen oder Speckwürfel der Masse beifügen.

Mit Reis gefüllte Zucchiniblüten

Zutaten

- Zucchiniblüten vom Balkon
- 1 TL Reis pro Zucchiniblüte
- 1 kleine Zwiebel
- 1 kleine Zucchini
- frische Petersilie und Dill
- Olivenöl

Zwiebel und Kräuter klein schneiden. Zucchini in feine Rechtecke schneiden. Öl in einen Topf geben. Zwiebel kurz andünsten. Reis beifügen und kurz glasieren, danach Zucchini und Kräuter dazugeben. Mit Wasser aufgießen und Reis nach Packungsanleitung garkochen (etwa 15 Minuten). Mit Salz und Pfeffer würzen.

Zucchiniblüte vorsichtig öffnen und Blütenstempel entfernen. Kurz mit Wasser ausspülen.
Backofen auf 180 °C vorheizen (Ober- und Unterhitze).

Die einzelnen Blüten mit einem Teelöffel füllen und Blütenspitzen vorsichtig zusammendrehen. In eine Form legen und mit Öl beträufeln. 15 bis 20 Minuten garen, bis die Blüten leicht braun werden.

Anstelle von Zucchiniblüten eignen sich auch Kürbisblüten. Am besten nimmt man die männlichen Blüten, die an langen Stängeln wachsen und keine Frucht bilden.

Überbackene Salbeiblätter (Müüsliblättli) von Anna Schneider

Zutaten

- 10 bis 15 Salbeiblätter mit Stiel
- 1 Ei (für luftigen Teig das Eiweiß steifgeschlagen)
- 1 Prise Salz
- 60 g Mehl
- 1 dl Wasser (oder nach Belieben Bier)

Ei, Salz, Mehl und Wasser zu einem Teig verrühren, der flüssig genug ist, um die Blätter zu tauchen, und fest genug, damit ausreichend Teig an den Blättern haften bleibt.

Salbeiblätter waschen und trocken tupfen. Salbeiblätter bis zum Stielansatz in den Teig tauchen und in genügend Bratfett braten, bis sie goldig braun sind.

Warm und leicht mit Salz bestreut servieren.

Tomatenbrotsalat

Zutaten

- 1 bis 2 Ciabatta oder Baguette
- 2 Knoblauchzehen
- 20 reife kleine Tomaten, zum Beispiel Cherry, gelbe Birne
- 1 rote Zwiebel
- 25 g Parmesan
- frisches Basilikum
- 3 EL Balsamico-Essig
- 2 EL Olivenöl

Ciabatta in der Pfanne mit den klein gehackten Knoblauchzehen und etwas Olivenöl goldbraun rösten. Tomaten waschen und vierteln, Zwiebel in Ringe schneiden. Das warme Brot mit den Tomaten und der Zwiebel vermischen. Balsamico-Essig und Olivenöl vermischen. Mit Salz und Pfeffer abschmecken. Dressing über den Salat verteilen, frischen Basilikum untermengen. Mit einem Sparschäler Parmesan auf den Salat hobeln.

Pasta mit Spinat und Mangold

Zutaten

- 200 g Vollkornpasta, zum Beispiel Fusilli
- 250 g Mangold/Krautstiel
- 1 Zwiebel
- 1 Knoblauchzehe
- 1 EL Öl
- 150 ml Wasser
- nach Belieben frische Kräuter
- 2 EL Rahm
- Parmesan

Das Wasser für die Pasta salzen und zum Kochen bringen. Währenddessen Zwiebel und Knoblauchzehe klein hacken. Mangoldblätter waschen und von den Stielen abschneiden. Stiele in dünne Halbringe, Blätter in grobe Streifen schneiden.

Pasta ins kochende Wasser geben und al dente kochen. In einer Pfanne Öl erhitzen. Zwiebel und Knoblauch anbraten. Mangold beifügen und kurz mitbraten. Danach das Wasser in die Pfanne gießen. Es können auch einige Löffel des Pastawassers dafür verwendet werden. Mangold 10 bis 15 Minuten köcheln lassen, bis er schön zusammengefallen ist. Kräuter klein hacken. Die Sauce mit Rahm, Parmesan, Salz und Pfeffer abschmecken und Kräuter beimischen.

Pasta abgießen und kurz in der Sauce schwenken.

Bunter Sommersalat mit Holunderblütendressing

Zutaten

- Salat aus dem urbanen Garten
- eine Handvoll junge Erbsen
- essbare Blumen, zum Beispiel Kapuzinerkresse
- 1 Karotte
- ½ Gurke
- 2 Radieschen
- frische Kräuter nach Gusto
- 2 TL Holunderblütensirup
- 1 TL Senf
- 3 TL Balsamico-Essig
- 2 TL Olivenöl

Salat waschen und in eine Schüssel geben. Erbsen aus den Schoten befreien und in kochendem Wasser maximal fünf Minuten kochen. Karotte schälen und in Scheiben schneiden. Gurke und Radieschen waschen und klein schneiden. Kräuter hacken. Alles in eine Schüssel geben und durchmischen. Den Blütenstempel aus den essbaren Blüten entfernen und die Blüten vorsichtig waschen.

Für das Dressing Holunderblütensirup mit Senf, Balsamico und Olivenöl vermengen und mit Salz und Pfeffer abschmecken. Über den Salat gießen und gut mischen. Die essbaren Blüten darüberstreuen.

Couscous mit Minze, Paprika und Erbsen

Zutaten

- **250 g Couscous**
- **2 Zweige frische Minze, zum Beispiel Marokkanische Minze**
- **1 rote Paprika**
- **2 Handvoll Erbsen**
- **1 Frühlingszwiebel**
- **Salz/Pfeffer**
- **½ unbehandelte Zitrone**

Couscous nach Packungsanleitung zubereiten. Minze waschen und klein hacken. Erbsen maximal fünf Minuten im Wasser kochen. Paprika und Frühlingszwiebeln waschen und klein schneiden.

In einer Pfanne Frühlingszwiebeln und Paprika andünsten. Erbsen hinzufügen und etwa fünf bis zehn Minuten alles bissfest kochen. Fertigen Couscous dazugeben und alles gut vermengen. Mit Salz und Pfeffer würzen. Kurz vor dem Essen Zitronensaft dazugeben und den Abrieb der Zitronenschale. Minze unterheben.

Aufstrich mit Meerrettich und Radieschen

Zutaten

- 50 g Naturjoghurt
- 3 EL Quark
- 1 bis 2 TL frischen Meerrettich
- 5 Radieschen
- Gartenkresse

Naturjoghurt und Quark vermischen. Meerrettich in die Quark-Joghurt-Mischung reiben. Radieschen waschen, in kleine Würfel schneiden und beigeben. Gartenkresse waschen und dem Aufstrich beifügen. Mit Salz und Pfeffer würzen.

Der Aufstrich eignet sich für Vollkornbrot oder als Dip zu Kartoffeln oder Gemüse.

Bunte Kartoffelchips

Zutaten

- verschiedene Kartoffelsorten, zum Beispiel Blauer St. Galler
- getrockneter Oregano, süßer Paprika, Salz
- Backpapier

Kartoffeln in sehr dünne Scheiben hobeln, sodass man fast durchsehen kann und etwa 30 Minuten in eine große Schüssel mit Wasser legen. Danach auf einem Küchentuch verteilen und trocken tupfen. Backofen auf 140 °C Umluft vorheizen. Kartoffelscheiben in eine Schüssel geben, mit den Gewürzen bestreuen und gut durchmischen.

Scheiben auf Backpapierbögen legen und am Rost im Rohr etwa 20 bis 30 Minuten goldbraun und knusprig backen. Die Kartoffelscheiben können auch mit etwas Olivenöl vor dem Backen beträufelt werden. Statt im Backofen backen, kann man die dünnen Scheiben auch in Öl frittieren.

Tees: Pfefferminze, Fenchel, Verveine

Zutaten

- frische Kräuter, zum Beispiel Pfefferminze, Verveine oder
- getrocknete Kräuter, zum Beispiel Pfefferminze, Verveine, Fenchelsamen
- nach Belieben Rohrzucker
- für Eistee Agavendicksaft und Zitrone

Für heißen Tee: Wasser zum Kochen bringen. Kräuter waschen und in eine Teetasse geben. Mit heißem Wasser aufgießen und fünf bis zehn Minuten ziehen lassen. Nach Belieben mit Rohzucker süßen.

Eistee: Den heißen Tee auskühlen lassen, mit Agavendicksaft süßen und nach Geschmack mit Zitronensaft verfeinern.

Pfefferminztee wirkt anregend und kühlend an heißen Tagen. Verveine und Fenchel wirken beruhigend und sind gut gegen Verdauungsbeschwerden.

Gegrillter Bohnensalat

Zutaten

- 250 g Busch- oder Stangenbohnen
- 1 Frühlingszwiebel
- 4 frische Thymianblätter
- 1 Knoblauchzehe
- 1 EL Olivenöl
- 2 EL Walnussöl
- 3 EL Balsamico-Essig
- Meersalz
- Zitronensaft

Bohnen waschen, Enden abnehmen und in zwei bis drei Zentimeter lange Stücke schneiden. Frühlingszwiebel in Ringe schneiden. Knoblauchzehe in dünne Scheiben schneiden. Bohnen, Frühlingszwiebel und Knoblauch in eine Grillschale geben, mit Olivenöl beträufeln und Thymian darüber verteilen. Bei mittlerer Hitze auf dem Grill etwa 15 Minuten bissfest garen.

Für die Marinade Walnussöl und Balsamico mischen und mit Salz und Pfeffer abschmecken. Fertige Bohnen in eine Schüssel geben und mit der Marinade übergießen. Einige Spritzer Zitronensaft dazugeben und gut durchmischen.

Dazu passen perfekt heimischer geräucherter Fisch, Fladenbrot und Oliven.

Statt auf dem Grill können die Bohnen auch im Backofen bei 180 °C oder in der Pfanne zubereitet werden.

Scharfes Paprika-Zwiebel-Chutney

Zutaten

- 250 g rote Paprika
- 400 g Zwiebeln
- 1 rote Chili
- 1 EL Öl
- 40 g brauner Zucker
- 2 TL Meersalz
- 100 ml Balsamico-Essig
- 1 TL Edelsüß-Paprikapulver
- 2 bis 3 EL grüne oder weiße Pfefferkörner
- 2 Prisen Zimt
- frischer oder getrockneter Rosmarin

Paprika waschen und in kleine Würfel schneiden, Zwiebeln schälen und in grobe Stücke schneiden. Chili entkernen und in feine Ringe schneiden. Öl in einem Topf erhitzen. Zwiebel und Paprika andünsten. Danach Essig, Zucker, Salz und Paprikapulver beifügen. Alles aufkochen und zugedeckt eine Stunde köcheln lassen. Zehn Minuten vor Garende den Deckel abnehmen und Chutney etwas einkochen lassen. Pfefferkörner, Zimt und Rosmarin hinzufügen und alles gut durchrühren.

Das Chutney sofort in sterilisierte Einmachgläser geben und gut verschließen. Im Kühlschrank aufbewahren. Passt wunderbar zu Kartoffeln und Fleischgerichten.

Rote-Beete-Carpaccio

Zutaten

- 1 große rohe Rote Beete/Rande
- 1 TL Senf
- 1 TL Honig
- 3 EL weißer Balsamico-Essig
- 2 TL Walnussöl
- 1 Handvoll Walnüsse
- 2 Handvoll Rucola oder Feldsalat

Die Rote Beete ungeschält in Aluminiumfolie wickeln und bei 180 °C im Backofen 90 Minuten weich garen. In der Zwischenzeit Rucola oder Feldsalat waschen und Honig, Senf, Essig und Öl zu einem Dressing vermischen. Mit Salz und Pfeffer abschmecken.

Die Rote Beete schälen und in dünne Scheiben schneiden. Dazu am besten Einweghandschuhe verwenden. Die Rote-Beete-Scheiben auf einem großen Teller kreisförmig anrichten. Salat in die Mitte setzen. Dressing über allem verteilen und mit Walnüssen bestreuen.

Kartoffelnudeln mit Johannisbeeren

Zutaten

- 450 g mehlige Kartoffeln
- 150 g Mehl
- 1 Ei
- ½ TL Salz
- 1 EL Öl
- 250 g Johannisbeeren
- 2 TL brauner Zucker oder Honig

Kartoffeln in der Schale weich kochen. Noch warm schälen und mit einem Kartoffelstampfer oder Kartoffelpresse zerdrücken. Mehl, Ei und Salz beifügen und zu einem geschmeidigen Teig verarbeiten. Den Teig auf einer bemehlten Fläche zu fingerdicken Rollen verarbeiten und diese in fünf bis sieben Zentimeter lange Stücke schneiden.

Öl in einer Pfanne erhitzen und die Kartoffelnudeln langsam braten, bis sie auf beiden Seiten goldbraun sind. In der Zwischenzeit Johannisbeeren waschen und in einen kleinen Topf geben. Auf kleiner Stufe zehn Minuten einkochen lassen. Mit braunem Zucker oder Honig süßen.

Kartoffelnudeln auf einen Teller geben und mit den warmen Johannisbeeren anrichten. Wer es süßer mag, alles mit Puderzucker bestreuen.

Zucchinikuchen

Zutaten

- 3 Eier
- 1 Tasse brauner Zucker
- 1 Packung Vanillezucker
- 1 Tasse Öl
- 4 Tassen geriebene Zucchini
- 3 Tassen Mehl
- ½ Packung Backpulver
- 2 TL Zimt
- 1 Tasse geriebene Mandeln
- Backofen auf 180 °C vorheizen

Eier mit Zucker und Vanillezucker schaumig rühren. Öl zugeben. In der Zwischenzeit Zucchini waschen und in feine Streifen reiben. Zucchini unter die Ei-Zucker-Mischung heben. Mehl mit Backpulver mischen. Mehl und Mandeln unterheben und mit Zimt verfeinern.

Die Tortenform mit Öl einfetten und mit Mehl ausstreuen, damit der Kuchen danach nicht an der Form klebt. Alternativ Backpapier in die Form legen. Kuchenmasse in die Form geben und 60 Minuten backen. Nach 30 Minuten einen Backpapierbogen auf den Kuchen legen, damit die Oberseite nicht zu braun wird.

Erdbeerhalbgefrorenes/Erdbeershake

Zutaten

- 500 g reife Erdbeeren
- ein Zweig frische Minze, zum Beispiel Marokkanische Minze
- 180 g Naturjoghurt
- 50 ml Kokosmilch
- ein Päckchen Vanillezucker
- 5 EL Kokosraspeln
- Zucker nach Geschmack

Erdbeeren waschen und grüne Stiele entfernen. Minze waschen und Blätter abzupfen. Alle Zutaten in einen Mixer geben und verrühren, bis die Erdbeeren zerkleinert sind. Mit Zucker abschmecken. In Gläser als erfrischenden Erdbeershake servieren oder in Tupperware für mindestens fünf Stunden einfrieren und danach als Halbgefrorenes genießen.

Mehr erfahren

Urbane Garten Projekte & Organisationen

Deutschland

- www.gartenpiraten.net, www.stadtacker.net, www.greencity.de
- *Prinzessinnengärten Berlin:* www.prinzessinnengarten.net
- *Rosa Rose:* www.rosarose-garten.net
- *O'pflanzt is München:* www.o-pflanzt-is.de
- *Öffentliche Obstbäume:* www.mundraub.org
- *Gartendeck Hamburg:* www.gartendeck.de
- *TIFU Permakulturgarten:* www.umweltgestaltung.org
- *Neuland Köln:* www.neuland-koeln.de
- *Beetvermietung:* www.meine-ernte.de
- *Projekt Balkonien:* www.projektbalkonien.wordpress.com
- *Internationale Gärten:* www.internationale-gaerten.de
- *Interkulturelle Gemeinschaftsgärten:* www.anstiftung-ertomis.de

Schweiz

- *Urbane Gartenprojekte im Raum Basel:* www.urbanagriculturebasel.ch
- *Urbane Gartenprojekte in der Westschweiz:* www.potagersurbains.ch, www.equiterre.ch, www.quartiergarten.ch
- *Interkulturelle Gärten:* www.interkulturelle-gaerten.ch
- *Stadiongarten Zürich:* www.stadiongarten.ch
- *SeedCity Permakulturgarten:* www.seedcity.ethz.ch
- *Brauergarten Zürich:* www.brauergarten.ch
- *Frau Gerolds Garten:* www.fraugerold.ch
- *Neugarten Luzern:* www.neubad.org/neugarten
- *Genossenschaftliche Gemüseabos:* www.ortoloco.ch, www.dunkelhölzli.ch, www.radiesli.org
- *Erntestation:* www.erntestation.ch
- *Urban Farmers:* www.urbanfarmers.com

Österreich

- *Übersicht Gartenprojekte Wien:* www.wien.gv.at/umwelt-klimaschutz/gemeinsam-garteln.html
- *Krongarten:* www.krongarten.at
- *Grätzlgarten:* http://graetzlgarten9.weebly.com
- *City Farm Schönbrunn:* www.cityfarmschoenbrunn.org
- *Interkulturelle Gemeinschaftsgärten Österreich:* www.gartenpolylog.org
- *Hotel Daniel Wien:* www.hoteldaniel.com
- *Schrebermeister:* www.schrebermeister.eu
- *Freiwilligenarbeit auf Bio-Höfen:* www.wwoofinternational.org, www.wwoof.de, www.wwoof.at

Bio Saatgut & Pflanzen

Deutschland

- www.dreschflegel-saatgut.de
- www.bio-saatgut.de
- www.bingenheimersaatgut.de
- www.sativa-saatgut.de
- www.biogartenversand.de
- www.syringa-pflanzen.de

Schweiz

- www.zollinger.ch
- www.sativa-rheinau.ch
- www.arthasamen.ch
- www.kartoffelsaatgut.ch

Österreich

- www.ochsenherz.at
- www.shop.arche-noah.at
- www.reinsaat.at
- www.gartenbauwagner.at

Artenschutz, Biologisches Gärtnern, Permakultur

- *Bienen:* www.bienenkiste.de, www.wildbiene-und-partner.com
- *Artenschutz und Samenbörse Schweiz:* www.prospecierara.ch
- *Artenschutz und Samenbörse Österreich:* www.arche-noah.at
- *Artenschutz und Samenbörse Deutschland:* www.nutzpflanzenvielfalt.de
- *Biologisches Gärtnern:* www.bioterra.ch
- *Permakultur:* www.permakultur.de, www.permakultur.net, www.permakultur.ch

Zubehör für urbane Gärtner & urbane Gartenkurse und Co.

- *VEG and the City:* www.VEGandtheCity.ch
- *Garten und Gabel:* www.gartenundgabel.com
- *Bella Flora:* www.bellaflora.at
- *Biologische Schädlingsbekämpfung, Nützlinge, Wurmkisten:* www.biocontrol.ch
- *Biodünger und Pflanzenstärkungsmittel:* www.biofert.at, www.neudorff.de
- *Homöopathie für Pflanzen:* www.biplantol.at, www.biplantol.de
- *Kupfergartengeräte:* www.kupfergartengeraete.ch, www.kupferspuren.at
- *Regenwurmkompost:* www.vermigrand.com
- *Window Farms USA:* www.windowfarms.org
- *Biologische Erden:* www.oekohum.de, www.oekohum.ch, www.ricoter.ch, www.landi.ch, www.sonnenerde.at, www.bellaflora.at

Literatur

- *Die Bio-Bibel:* Kreuter, Marie-Luise: Der Biogarten, 25. Auflage, 2012
- *Bio für den Balkon:* Heistinger, Andrea: Handbuch Bio-Balkongarten, Gemüse und Kräuter auf kleiner Fläche ernten, 3. Auflage, 2013
- *Urbanes Gärtnern wissenschaftlich beleuchtet:* Müller, Christa (Hrsg.): Urban Gardening. Über die Rückkehr der Gärten in die Stadt, 2011
- *Aus Berlin:* Nomadisch Grün (Hrsg.): Prinzessinnengärten, Anders gärtnern in der Stadt, 2012
- *Permakultur Einführung:* Brunner, Sepp und Margrit: Permakultur für alle: Harmonisch leben und einfach gärtnern im Einklang mit der Natur, 2010
- *Permakultur urban:* Anger, Judith; Fiebrig, Immo; Schnyder, Martin: Jedem sein Grün! Urbane Permakultur: Selbstversorgung ohne Garten, 2012
- *Urbane Garteninspirationen:* Mitchell, Alex: Mein Küchenbalkon, Obst und Gemüse für City-Gärtner, 2012
- *Lauras Buch:* Schwerzmann, Laura: Kleingärten, Traditionelle und neue Formen des gemeinschaftlichen Gärtnerns im städtischen Umfeld, 2013

Bildnachweis

Sämtliche unten nicht aufgeführten Bilder stammen von Johanna Muther.
S. 21 unten: Gudrun Ongania, S. 23: Gudrun Ongania, S. 32 oben rechts: Karl-Hans Ongania, S. 44 oben: Urban Farmers AG, S. 80 alle Bilder: Kunstverein Hinterland, S. 81 oben links und rechts, unten Mitte und rechts: Stefano Chiolo, S. 81 oben Mitte, links unten und Mitte rechts: Stefan Rahmann, S. 82 unten rechts: Curtis Clark, Wikimedia Commons, CC-BY-SA-2.5, S. 90 Skizze: Hans Campolongo, S. 96-97 alle Bilder: Gudrun Ongania, S. 99 alle Bilder: Urban Farmers AG, S. 143 unten: Gudrun Ongania, S. 144 beide Bilder oben: Gudrun Ongania, S. 150 Mitte: O. Dietz/Arco Images, S. 151 oben: Gudrun Ongania, S. 153 Mitte: O. Dietz, Arco Images

Dankeschön

Dieses Buch war, wie schon der Start von *VEG and the City*, ein Schnell-Zug, der in sechs Monaten von 0 auf 100 beschleunigte. Ich danke Frau Regine Balmer vom Verlag, die fragte, ob ich Lust hätte, ein urbanes Gartenbuch zu schreiben, und so dieses Projekt initiierte.

Dank an Johanna, meine Fotografin, für die tolle Zusammenarbeit und die wunderbaren Bilder, die dieses Buch schmücken. Es hat sehr viel Spaß gemacht und wir haben dem Regenwetter tapfer getrotzt! Dank an Wanda, die Chief Garden Officer von *VEG and the City*, für den fachkundigen Input, das Gegenlesen und für wertvolle gärtnerische Tipps und Tricks für das Buch, *VEG and the City*, aber auch für meinen persönlichen Gemüsegarten.

Ein herzliches Dankeschön an alle Projekte und urbane Gärtner, die uns ihre Gartenoasen gezeigt und ihre Geschichte erzählt haben.

Ein ganz großes Dankeschön an Fabian, meinen Partner, der mich ermutigt hat, *VEG and the City* zu gründen, mir mit Ideen und Manpower zur Seite steht und mich auffängt und ermutigt in Momenten, wenn alles einfach mal zu viel wird.

Last, but not least – ein großes Dankeschön an meine Eltern, Helene und Karl-Hans, und meine Schwestern, Karolin und Dagmar, dafür, dass ihr einfach immer da seid, meine Produkte und Tipps testet und selbst unter die urbanen Gemüsegärtner gegangen seid. Es ist so schön zu sehen, wie viel Freude euch das macht.

GARTENPLANUNGSVORLAGE

SKIZZE – MEIN URBANER GARTEN

Innen Aussäen (Voranzucht)		*Draußen Aussäen (Direktsaat)*	
Was	***Wann (Monat)***	***Was***	***Wann (Monat)***

Auspflanzen		*Nachpflanzen/Nachsäen*	
Was	***Wann (Monat)***	***Was***	***Wann (Monat)***

SKIZZE – MEIN URBANER GARTEN

Innen Aussäen (Voranzucht)		*Draußen Aussäen (Direktsaat)*	
Was	***Wann (Monat)***	***Was***	***Wann (Monat)***

Auspflanzen		*Nachpflanzen/Nachsäen*	
Was	***Wann (Monat)***	***Was***	***Wann (Monat)***

SKIZZE – MEIN URBANER GARTEN

Innen Aussäen (Voranzucht)		*Draußen Aussäen (Direktsaat)*	
Was	***Wann (Monat)***	***Was***	***Wann (Monat)***

Auspflanzen		*Nachpflanzen/Nachsäen*	
Was	***Wann (Monat)***	***Was***	***Wann (Monat)***

SKIZZE – MEIN URBANER GARTEN

Innen Aussäen (Voranzucht)		*Draußen Aussäen (Direktsaat)*	
Was	***Wann (Monat)***	***Was***	***Wann (Monat)***

Auspflanzen		*Nachpflanzen/Nachsäen*	
Was	***Wann (Monat)***	***Was***	***Wann (Monat)***

PFLANZKALENDER

✿ *Vorkultur im Haus*
▾ *Direktsaat Freiland / Pflanzung*
❦ *Ernte*
⌂ *Aussaat Frühbeet*
✹ *Wachstumsphase*

	Winter		**Frühling**			**Sommer**			**Herbst**			**Winter**
	Januar	*Februar*	*März*	*April*	*Mai*	*Juni*	*Juli*	*August*	*September*	*Oktober*	*November*	*Dezember*
Kopfsalate			⌂	▾	▾ ✹ ❦	▾ ✹ ❦	▾ ✹ ❦	❦	❦			
Schnitt- & Pflücksalat			▾	▾	▾❦	▾❦	▾❦	▾❦	❦	❦		
Feldsalat			▾✹ ❦	▾✹ ❦	▾✹	▾✹	▾✹	▾✹	▾✹	❦	❦	❦
Endiviensalat						▾	✹	✹	❦	❦	❦	
Radicchio				▾	▾	✹	✹	✹	✹	❦		
Eisbergsalat				⌂	▾	▾ ✹ ❦	▾ ✹ ❦	❦	❦			
Radieschen			▾ ✹	▾ ✹	▾ ✹ ❦	▾ ✹ ❦	▾ ✹ ❦	▾ ✹ ❦	❦	❦	❦	
Rettich			▾ ✹	▾ ✹	▾ ✹ ❦	▾ ✹ ❦	▾ ✹ ❦	▾ ✹ ❦	❦	❦	❦	
Karotten			▾ ✹	▾ ✹	▾ ✹	▾ ✹	❦	❦	❦	❦	❦	
Tomaten			✿	✿	▾	▾ ✹	✹	❦	❦			
Zucchini			✿									
Auberginen			✿	✿	▾ ✹	▾ ✹	✹	✹	❦			
Kürbis			✿	✿	▾ ✹	✹	✹	❦				
Peperoni			✿	✿	▾ ✹	✹	❦	❦				
Kohlrabi			✿	▾ ✹	▾ ✹ ❦	▾ ✹ ❦	✹ ❦	✹ ❦	❦	❦		
Weißkohl				▾	▾ ✹	✹	✹	❦	❦			
Rotkohl				▾	▾ ✹	✹	✹	❦	❦			
Brokkoli				▾	▾ ✹	✹	✹	✹	❦	❦		
Blumenkohl				▾	▾ ✹	✹	❦	❦				
Rosenkohl				✿	✿	▾	✹	✹	✹	❦	❦	
Bohnen				✿	▾	✹	✹ ❦	✹ ❦	❦			
Erbsen				▾	✹	✹	❦	❦				
Gurken				✿	✿	▾	✹	✹ ❦	✹ ❦			
Spinat			▾	▾ ✹	▾ ✹	❦	❦	▾	▾ ✹	❦	❦	
Mangold				▾	▾ ✹	▾ ✹	▾ ✹	❦	❦	❦	❦	
Zuckermais				✿	▾	▾ ✹	✹	❦	❦			
Zwiebeln				▾	▾ ✹	✹	✹	❦				
Knoblauch			▾	▾	▾ ✹	✹	❦	❦	▾	▾ ✹	▾ ✹	
Lauch	❦	▾	▾ ✹	✹	✹	✹	✹	❦	❦	❦		
Kartoffeln		▾	▾ ✹	✹	✹	✹	✹	❦	❦			
Sellerie					▾	▾ ✹	✹	✹	✹	❦	❦	
Erdbeeren				▾	✹	✹ ❦	✹ ❦	▾ ✹ ❦	✹ ❦			

Stichwortverzeichnis

Fette Zahlen verweisen auf ein Bild.

Jenny Hendy

Das große Gartenbuch für Kinder
120 tolle Projekte für draußen und drinnen

Das große Buch für alle Kinder, die Lust haben, Pflanzen zu ziehen, Gemüse zu ernten, Blumen zu säen oder lustige Naturgeschenke herzustellen. Dabei bleibt keine Frage offen:

- 120 Projektideen sorgen für abwechslungsreichen Spaß im Garten während des ganzen Jahres
- Detaillierte Anleitungen zu jedem Projekt erläutern Schritt für Schritt, worauf Kinder besonders achtgeben müssen und welche Werkzeuge sie brauchen
- Tipps und viele farbige Fotos helfen, schwierige Schritte erfolgreich zu meistern
- Eine ausführliche Einleitung zeigt die wichtigsten Gartenwerkzeuge und erklärt, wie man sie benutzt
- Pflanzenporträts am Ende des Buches erläutern, was wann und wo am besten gesät werden kann
- Hinweise zur Sicherheit informieren über die Gefahren im Garten und zeigen leicht verständlich, wie Kinder diese vermeiden können

256 Seiten, gebunden
ISBN 978-3-258-07813-7

Haupt NATUR

Thomas Pfister, Reinhard Saller, Astrid Fischer, Barbara Holzer,
Jürgen Reichling, Matthias Rostock, Bernhard Uehleke
Mit Fotos von Fides auf der Maur

Heilkräuter im Garten
pflanzen, ernten anwenden

Der eigene Garten als Naturapotheke: von alters her werden Kräuter ihrer heilenden Wirkung wegen kultiviert. Ringelblume, Löwenzahn und Spitz-Wegerich gehören zu den über 50 Heilkräutern, die in diesem Buch porträtiert werden. Im Vordergrund stehen dabei nicht nur medizinische Aspekte wie die heilkundliche Wirkung, Hinweise zur Anwendung, Dosierung und Gegenanzeigen, sondern auch der Anbau, die Ernte und Verarbeitung sowie der Gebrauch von Heilkräutern in der Küche. Jedes Heilkräuterporträt wird durch Fotos illustriert, welche die Pflanzen in den verschiedenen Jahreszeiten zeigen. Einleitende Kapitel vermitteln die Grundlagen der Volksheilkunde, Gartengestaltung und Gartentherapie, und informieren über die Inhaltsstoffe von Heilkräutern, ihre Verarbeitung und Zubereitung.

352 Seiten, Flexibroschur
ISBN 978-3-258-07830-4

Haupt
NATUR